Phänomen-Verlag

Enjoy your Evolution!

Michael Habecker & Thomas Feichtinger

InnenLeben

Eine Entdeckungsreise

Phänomen-Verlag

Bibliografische Information Der Deutschen Bibliothek:

Die Deutsche Bibliothek verzeichnet diese Publikation in der Deutschen Nationalbibliografie; detaillierte bibliografische Daten sind im Internet über http://dnb.ddb.de abrufbar.

Michael Habecker & Thomas Feichtinger
InnenLeben
EAN 978-84941609-2-9

Phänomen-Verlag
Web: www.phaenomen-verlag.de
E-Mail: kontakt@phaenomen-verlag.de

Satz & Gestaltung: Phänomen-Verlag

Inhalt

Ob du gehst, sitzt oder schläfst,

immer blicke auf deinen Geist,

pausenlos und ohne Unterbrechung;

Das ist die Übung die jeder Mühe lohnt.

– Milarepa

Zu diesem Buch

Dieses Buch enthält:

- Ich-Beschreibungen aus dem (meinen) Augenblick heraus (in Kursivschrift)
- erläuternde Beschreibungen (in Normalschrift)
- *Inne-Halten* als Einladungen zur Selbsterfahrung (in grauen Kästchen)
- *Meta-Brille* als Anregung zur umfassenden Reflexion der Art und Weise wie Sie sich mit dem Buch auseinandersetzen (in weißen Kästchen)
- Assoziationsfelder, als Felder von Begriffen und Worten, die dazu einladen diesen Worten und ihren persönlichen Bedeutungen in sich nachzuspüren (in Blockschrift)
- Bildliche Darstellungen als visuelle Ruhepausen
- Atem- und Körperübungen zur Verkörperung des Gelesenen und Reflektierten

Alle Teile bilden ein Ganzes zur Bewusstwerdung von Wirklichkeit.

Ein Hinweis zu den Inne-Halten Einladungen: Diese Übungen können in unterschiedlicher Intensität und Achtsamkeit geübt werden, von einem kurzen Überlesen bis hin zu lebenslangen Vertiefungen.

Grafik: Kontinuum der Achtsamkeit und Intensität

DIESER
AUGENBLICK

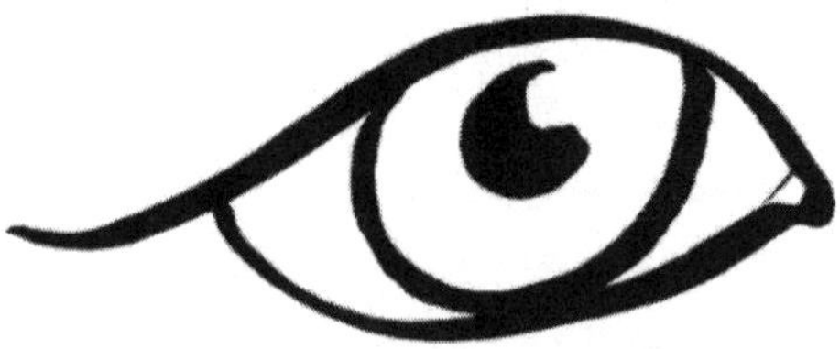

IST ALLES
WAS ICH HABE

Einleitung

Was ist Ihnen und mir selbst so nahe, dass, wie es einmal ausgedrückt wurde, kein Raum für einen Weg und keine Zeit für eine Suche dafür existiert? Was ist das Ihnen am meisten Vertraute, vertrauter als alles andere?

In diesem Buch geht es um das Unmittelbarste im Leben, um Ihr (und mein, und jedes) Erleben dieses und jeden Augenblicks – um das was jetzt IST. Andere Begriffe dafür sind Achtsamkeit, Bewusstheit, Gewahrsein, Unmittelbarkeit, Erleben, Erfahrung, JETZT, oder das „einfache Gefühl des Seins". Dabei bewegen wir uns vom OFFENSICHTLICHEN zum Offensichtlichen und weiter zum immer weniger Offensichtlichen und Verborgenen des Bewußtseins.

Gibt es ein Innenleben - was meinen Sie? Wir sprechen dabei nicht von den inneren Organen eines Menschen oder dem Aufbau von Zellen oder von der Molekülstruktur einer Substanz, sondern von etwas, das sich nicht auf der Außenseite des Lebens, sondern auf seiner Innenseite findet. Etwas, das nicht im Außen gesehen, sondern im Innern erlebt und gefühlt wird. Wir denken, es gibt ein Innen, und das denken wir nicht nur, sondern das fühlen wir, auch jetzt in diesem Augenblick. Wir wissen aus eigener Erfahrung von seiner Existenz, z. B. wenn ich mir erlaube in mich hineinzuspüren, und ich erfahre davon auch aus der Begegnung und dem Austausch mit anderen Menschen und Lebewesen. Wir wissen es auch aus dem Gebrauch der eigenen Muttersprache und dem Studium anderer Sprachen, wo es viele Worte und Begriffe für Dinge (im weitesten Sinn) gibt, die nicht in der Außenwelt sondern in der Innenwelt existieren (wie Liebe, Hass, Schönheit, Treue ...). Zu dieser Innenwelt oder dem Innen gibt es auch eine Außenseite und Form, in

Ihrem Fall Ihren Körper und Ihre Umwelt. Ohne diese Außenseite gäbe es wohl kein Innen. Das Innen wird mit Worten wie „Geist“ bezeichnet, das Außen mit „Materie“. Beides sind zwei Seiten *einer* Münze, beides sind zwei Aspekte und zwei Erfahrungsperspektiven *einer* Wirklichkeit. In diesem Buch geht es um das Innen, doch wir wollen dabei nicht vergessen das Außen zu würdigen, dem wir alle unser bewusstes Innen verdanken.

Inne-Halten

- Wie geht es Ihnen jetzt, in diesem Augenblick?
- Woraus besteht jetzt Ihr Innenleben?
- Wie wirkt das auf Sie, was Sie gerade gelesen haben? Kommt Ihnen das bekannt vor oder nicht, und welche Reaktionen löst es bei Ihnen aus? Wie ist Ihre Reaktion auf Ihre eigenen Reaktionen?
- Mit welcher inneren Lese-Haltung lesen Sie gerade?
- Welche Gedanken, Gefühle oder sonstige Wahrnehmungen tauchen in Ihnen jetzt auf?
- Gibt es auch Widerstände?

Das Außen ist offensichtlich, zumindest auf den ersten Blick. Das Innen ist es nicht. In jedem Menschen existiert ein Kosmos von Innerlichkeit, und um Möglichkeiten der Erschließung dieses Universums geht es. Dabei bedienen wir uns jedoch nicht psychometrischer Tests oder wissenschaftlicher Theorien zum menschlichen Bewusstsein, sondern wir verwenden die sehr einfachen und unmittelbaren Methoden der Innenschau und der Selbstbefragung, und machen uns damit auf die Reise. Es gibt viele Ratgeber darüber, wie wir besser leben können, mehr Geld verdienen und glücklicher sein können. Doch alle diese

Ratgeber können uns nichts über Ihr, mein und unser spezielles und persönliches Innenleben sagen, außer einige allgemeine Hinweise geben. Auch dieses Buch – und kein Buch der Welt – kann uns dies sagen, doch es kann, und das ist sein Anspruch, als ein Reiseführer durchs Innenleben Hilfestellungen geben, mittels derer wir uns selbst von innen her immer besser kennen lernen können. Was bleibt uns, so könnte man es nüchtern formulieren, auch anderes übrig im Leben, als uns unserer Bewusstheit immer bewusster zu werden, die uns seit unserer Geburt begleitet, und die wir niemals loswerden, aber immer mehr vertiefen können, für ein bewussteres, freieres, verantwortlicheres und schöneres Leben?

Inne-Halten

Nehmen Sie sich bitte die Zeit zu einer Assoziation zu einigen der Schlüsselbegriffe dieses Buches. Lesen Sie sich die Begriffe einzeln laut oder still vor, und achten Sie nach jedem Begriff darauf, was dieser Begriff in Ihnen auslöst.

Ein einfacher Anhaltspunkt für die Beobachtung Ihrer inneren Reaktionen kann sein:

Positiv/Zustimmend – *Neutral* – *Negativ/Ablehnend*

Die Begriffe:

Geist	**Bewusstsein**	**Innerlichkeit**	**Wahrnehmung**	**Augenblick**
Erleben	**Jetzt**	**Gewahrsein**	**Absolutheit**	**Sein**

Meta-Brille

Wenn Sie diese Einladungen zur Übung nicht angenommen, sondern gleich weitergelesen haben, reflektieren Sie bitte jetzt darüber, warum das so ist, oder stellen Sie sich innerlich Fragen wie:

- Warum (habe ich gleich weitergelesen)?
- Wer oder was in mir hat mich dazu veranlasst?
- Mache ich das generell so?
- Fühle ich mich von den Fragen peinlich berührt, psychologisiert, oder finde ich das Ganze überflüssig oder lächerlich?
- Stellen Sie sich diese Fragen beim Überlesen der Übungen dieses Buches bitte immer wieder.

Inne-Halten

Inwieweit sind Sie bereit sich anregen, berühren oder herausfordern zu lassen, ja vielleicht auch sich etwas zuzumuten?

Wenn Sie sich vorstellen, dass Sie durch die Lektüre und Übungen dieses Buches ein anderer Mensch werden, was bedeutet das für Sie?

Inne-Halten

Wir möchten Sie einladen, dieses Buch aus unterschiedlichen und bewusst gewählten Leseperspektiven zu lesen. Im Nachfolgenden ein paar Beispiele und Möglichkeiten dazu:

- Eine Haltung der Abwehr: „Ich will das alles nicht, das geht mir gegen den Strich ..." (und dennoch interessiert es mich irgendwie)
- Eine skeptische Haltung eines prüfenden Kritikers / einer prüfenden Kritikerin: „Alles, was ich lese, stelle ich erst einmal infrage ..."
- Eine offene Haltung eines neugierigen Entdeckers / einer neugierigen Entdeckerin: „Ich bin offen für das was ich lese/erfahre ..."
- Eine Haltung, die Gutes bewirken möchte: „Alles, was in diesem Buch steht, möge meine Fähigkeiten stärken etwas Gutes auf dieser Welt zu bewirken und mein Leben sinnvoller zu gestalten."
- Eine harmonische/liebende Haltung: „Meine Lektüre möge mehr Verbundenheit und Liebe in meinem Leben bewirken."
- Eine genießende Erwartungshaltung: „Ich möchte durch dieses Buch gut unterhalten werden"

Von welcher Stimme fühlen Sie sich innerlich in diesem Augenblick am meisten angesprochen? Welche Stimme fehlt? Wählen Sie sich bewusst eine passende „Lesebrille" aus.

Wie auch immer Sie dieses Buch für sich nutzen ist in Ordnung.

Was auch immer bei Ihren Untersuchungen geschieht, ist in Ordnung.

Sie können dabei nichts verkehrt machen.

Was in jedem Fall geschieht ist eine Bewusstseinsvertiefung für die Wahrnehmung dieses jetzigen Augenblicks Ihres Innenlebens, und das ist das Anliegen dieses Buches.

Inne-Halten

Wenn Ihnen beim Lesen unterwegs Gedanken kommen wie

- ... das bringt doch nichts ...
- ... was soll denn das ...
- ... das ist doch alles nur mentale Gymnastik und intellektuelle Selbstbefriedigung ...

dann fühlen Sie bitte in diese Gedanken hinein, Sie sind auf dem richtigen Weg!

TEIL 1: UNMITTELBAR JETZT

Dieser Augenblick ist alles was ich habe …

Doch was IST dieser Augenblick?

Dieser Augenblick ist die allumfassende Ganzheit (oder Totalität) meines Erlebens.

Was IST die Totalität meines Erlebens?

Sie ist das was sich mir zeigt, innerhalb meines Gewahrseins oder Bewusstseins. Wenn ich meine Aufmerksamkeit in mich richte, dann kann sich diese Totalität zeigen, sie kann erscheinen, oder sie drängt sich ungefragt auf. Dabei spielt es keine Rolle ob ich einen äußeren Gegenstand wie einen Tisch betrachte, mich mit jemanden unterhalte oder ein Gefühl erlebe – das (mein) Innen ist immer mit dabei.

Unmittelbar wahrnehmen

Ich öffne mich für die Totalität meiner Wahrnehmung, so wie sie jetzt ist.

Ich lasse alles geschehen, so wie es sich ereignet und entfaltet.

Ich halte nichts fest und lasse nichts los.

Manchmal nehme ich eine besondere (meditative) Sitzhaltung ein, manchmal nicht. Meine Wahrnehmung ist nicht auf besondere äußere Formen und Gegebenheiten angewiesen. Und doch sind bestimmte äußere Formen und Umstände hilfreich.

Ich bin begeistert von dieser Form der Selbstentdeckung, oder gelangweilt, oder genervt, oder …

Ich nehme einfach alles wahr.

Ich erlaube mir meine Innerlichkeit.

Ich erfahre meinen inneren (Er)Lebensraum

(der mir manchmal wie ein Gefängnis, und manchmal wie ein unermessliches Universum vorkommt).

Ich nehme wahr, wenn ich mich darin verliere, und wenn ich mich wieder finde. Ich bleibe so nah wie möglich an meinen Wahrnehmungsinhalten – und damit an mir selbst – dran, und lasse das Leben in seiner Unmittelbarkeit so direkt an mich heran wie möglich.

Manchmal geht es leicht, manchmal ist es schwierig, manchmal ist es unerträglich und manchmal ist es unmöglich für mich.

Ich nehme die Inhalte meines Wahrnehmungsraumes in ihrem Kommen, Verbleiben, Verändern und Vergehen wahr.

Manchmal ist mein Wahrnehmungsstrom ein trockenes Flussbett, manchmal ein reißender Bach, und manchmal ein breiter und ruhiger Strom. Und manchmal … ist da auch einfach nur nichts.

Inne-Halten

Was nehmen Sie in diesem Augenblick wahr?
Was ist jetzt da?
Was erleben Sie?
Was geschieht?
Was IST?

Jetzt. In diesem Augenblick.

Bitte öffnen Sie sich der Unmittelbarkeit Ihres inneren Erlebens so direkt wie möglich.

Reflektierend wahrnehmen

Können Sie wahrnehmen, dass Sie im Vorgang des Wahrnehmens schon über das Wahrgenommene reflektieren, es kommentieren, es zu verstehen versuchen oder irgendetwas anderes damit machen? Ich nehme mich selbst unmittelbar wahr, und nehme gleichzeitig einen inneren Abstand dazu ein und reflektiere darüber – beides gehört untrennbar zusammen, in jedem Augenblick.

Dieser Augenblick hat eine Zeit es ist der [Datum], [Zeit]. Und dieser Augenblick hat einen Ort, es ist der [geografische Ort] und dort ein [Gebäude, Platz] und dort ein [Raum, Aufenthaltsort]. Doch das sind nur Äußerlichkeiten, allerdings Äußerlichkeiten ohne die es keine Innerlichkeit geben würde, keine Wahrnehmung, kein Erleben. Diese Wahrnehmungen geschehen in mir, auch die Vorstellung von Zeit und Raum geschieht in mir, als eine innerlich erlebte Vor-Stellung. Was erlebe ich, hier und jetzt – und jetzt, und jetzt, – in diesem Raum-Zeit-Augenblick?

Der Ausdruck „Totalität meines Erlebens" ist eine Es-Beschreibung für etwas, was niemand außer mir so gut kennt wie ich selbst, und ich bin jeden Augenblick eingeladen auf Entdeckungsreise zu gehen, und dabei immer Neues zu entdecken und Altbekanntem zu begegnen.

Ich erlebe mich körperlich, ich achte jetzt bewusst auf meinen Körper und seine Signale.

Da gibt es ein physisches Erleben und auch ein energetisches Erleben, und beides fühlt sich im Augenblick gut an.

Dankbarkeit und Freude erscheinen in meinem Erlebensraum, die Dankbarkeit für ein gutes körperliches Gefühl, und das Wissen darum, dass dies nicht so bleiben muss und nicht so bleiben wird – weil sich alles Erlebte ändert, von Augenblick zu Augenblick und jetzt und jetzt und jetzt – dieser Gedanke an Krankheit, Gebrechlichkeit, Sterblichkeit und Vergänglichkeit fühlt sich nicht so gut an, doch ich tröste mich damit, dass es ja noch nicht so weit ist.

Wie ist mein Gefühlszustand – jetzt? Ruhig, freudig, inspiriert – und auch das fühlt sich gut an für mich, jetzt, und auch dieser Augenblick wird vergehen.

Und jetzt wende ich mich ganz bewusst meinem gedanklichen Erleben zu – was geht mir gerade durch den Kopf? Nun, es ist genau diese Frage, und die Frage warum mein gedankliches Erleben bei mir immer wieder im Vordergrund steht. Und wie fühlt sich das an? Im Augenblick gut, auf diese Weise habe ich immer etwas womit ich mich beschäftigen kann. Wenn die Gedanken angenehm sind, ist es ein angenehmes Gefühl, wenn die Gedanken unangenehm sind, dann nicht. Im Moment sind sie angenehm. Erinnerungen kommen hoch, an Zeiten wo das gedankliche und emotionale Erleben schwierig, ja leidvoll war. Auch diese Erinnerung ist jetzt, und jetzt und jetzt.

Dies ist meine persönliche Wahrnehmung jetzt, oder ein Bruchteil davon, als dasjenige, was ich in diesem Augenblick in Worte zu fassen willens und in der Lage bin. Dabei unterscheide ich die Wahrnehmungsbereiche von körperlich (somatisch), gefühlsmäßig und gedanklich. Worte können nur unzureichend wiedergeben was in mir ist. Und doch sind sie unglaublich wertvoll, als eine Brücke hin zu mir selbst, zum Du und Anderen, und zur Welt als Ganzes. Über Worte (nicht nur, aber auch) berühren wir einander, können uns gegenseitig erfahren – austauschend, mitfühlend, in vielfältiger Art und Weise. Zwei oder mehr bewusste Wesen berühren sich von innen her...

Inne-Halten

- Was ist Ihre Wahrnehmung jetzt – und wie würden Sie die in Worte fassen?
- Können Sie dabei einen unmittelbaren und einen reflektierenden Teil eines inneren Beobachters unterscheiden?
- Können Sie erleben, wie Ihre Reflektionen selbst wieder zum Gegenstand weiterer Reflektionen und Assoziationen werden und daraus ein dynamischer Wahrnehmungsstrom entsteht?
- Können Sie den Teil in sich, der einfach nur wahrnimmt, von dem Teil unterscheiden, der Ihnen erklärt was Sie wahrnehmen?

Wenn *ich* nicht in mich schaue, wer sollte es sonst tun?

Wenn *Sie* nicht in sich schauen, wer sollte es sonst tun?

Inne-Halten

Wie erleben Sie diese beiden Fragen?

- Konfrontativ?
- Nervend?
- Einladend?
- Aufrüttelnd?
- Informierend?
- Inspirierend?

Ich er-lebe, also bin ich

Ich er-lebe mich körperlich, also bin ich.

Ich er-lebe mich emotional, also bin ich.

Ich er-lebe mich gedanklich, also bin ich.

Ich er-lebe mich im Erleben, also bin ich.

Inne-Halten

- Was bedeutet es für Sie, sich selbst zu erleben?
- Ich Bin, Einzigartigkeit, Authentizität, Existenzialität, Lebendigkeit ... oder etwas anderes?

Ich bin, als wahrnehmender und (ein)fühlender Beobachter, die Totalität (oder in der Totalität) meines Erlebens und Gewahrseins. Doch dies ändert sich von Augenblick zu Augenblick zu Augenblick. Nichts lässt sich davon festhalten, allenfalls als Erinnerung, doch auch Erinnerungen treten ins Gewahrsein, verbleiben dort kürzer oder länger, wandeln sich, und verschwinden wieder.

Und das alles findet in einem fortwährenden JETZT statt.

Was bedeutet es also, wenn ich sage (und erlebe) „ich bin"? Ist da überhaupt irgendetwas, außer einem sich ständig verändernden Wahrnehmungsstrom? Gibt es einen Fixpunkt im Sein, einen festen Punkt im Universum der Innerlichkeit?

Es gibt das erlebte „ich bin", doch es lässt sich nicht greifen, weder das „ich", als mein Erleben und meine Vorstellungen über mich (meine Identität), die sich ändern, noch das „bin“ als mein Erleben und meine Vorstellungen von meinem Sein.

Gedanken tauchen in meinem Gewahrsein auf, ich kann sie wahrnehmen, doch was ich wahrnehmen kann, kann ich nicht sein, da gibt es einen Abstand zwischen Wahrgenommenem und Wahrnehmendem.

Gefühle tauchen in meinem Gewahrsein auf, ich kann sie wahrnehmen, doch was ich wahrnehmen kann, kann ich nicht sein, da gibt es einen Abstand zwischen Gefühltem und Fühlendem.

Körperempfindungen tauchen in meinem Gewahrsein auf, ich kann sie wahrnehmen, doch was ich wahrnehmen kann, kann ich nicht sein, da gibt es einen Abstand zwischen Empfindungen und Empfindendem.

Wer bin ich?

„Ich bin“ umfasst zwei Worte und verweist auf zwei Qualitäten meiner eigenen Wirklichkeit. „Ich“ verweist auf mein einzigartiges Wesen, meine Identität, meine innere und äußere Form, und „bin“ verweist auf „das Sein“, auf mein „in der Welt sein“, und auf einen Wesensaspekt der Raum und Zeit übersteigt.

Assoziationsfelder: Worte zur Unterscheidung der beiden innewohnenden Qualitäten des „Ich bin“:

ICH: ABGRENZEN, ANDERSSEIN, BEGRENZTHEIT, DUALITÄT, EINZIGARTIGSEIN, ENDLICHKEIT, FOKUS, FORM, INDIVIDUELLE FREIHEIT, GEGENWART, GETRENNTHEIT, INTENTIONALITÄT, LEBENDIGKEIT, MENSCHLICHE NATUR, PERSON, PERSPEKTIVE, POSITION, UNTERSCHEIDEN, WILLE, ZEITLICHE WAHRNEHMUNG

BIN: ALL-EINHEIT, ALL-UMFASSENHEIT, EINSSEIN, GRENZENLOSE FREIHEIT, GANZSEIN, GEWAHRSEIN, GÖTTLICHE NATUR, GRENZENLOSIGKEIT, LIEBE, UNBEGRENZTE WAHRNEHMUNG, SELBST, SEIN, STILLE, URGRUND, UNENDLICHKEIT, VERBUNDENHEIT, WESENSNATUR

Inne-Halten

Reflektieren Sie bitte diese beiden Qualitäten von Bewusstheit.

- Ist diese Unterscheidung für Sie stimmig?
- Welche Worte beschreiben die Unterscheidung für Sie am besten?
- Welche Wortpaare für das „Ich-Bin“ gehören für Sie zusammen?
- Welche Worte passen nicht, was stimmt für Sie nicht? Welche Worte irritieren Sie sogar?

ICH
BIN

Inne-Halten und Meditation

Spüren Sie bitte ein paar Minuten in sich hinein, was das Ich-Bin für Sie bedeuten könnte.

Welcher Gedanken, Emotionen und Körpergefühle sind Sie sich in diesem Augenblick bewusst?

Ich Bin steht für…

Wenn Sie möchten schließen Sie die Augen und werden Sie sich Ihrer Lebendigkeit des Ich und der Stille des Ich Bin in diesem Augenblick bewusst.

In diesem Augenblick…

…bin ich mir meines Körpers bewusst, ich bin jedoch nicht mein Körper.

In diesem Augenblick…

…bin ich mir meiner Gedanken bewusst, ich bin jedoch nicht meine Gedanken.

In diesem Augenblick…

…bin ich mir meiner Emotionen bewusst, ich bin jedoch nicht meine Emotionen.

In diesem Augenblick bin ich mir ganz dieses Augenblicks bewusst.

Und der Stille aus der die Lebendigkeit in diesem Augenblick geboren wird.

Inne-Halten

Spüren Sie jetzt noch ein Stück tiefer in diese Unterscheidung zwischen den Qualitäten des „Ich" und des „Ich Bin" hinein.

Sprechen Sie bitte Ihren Vornamen und Nachnamen laut aus und spüren Sie in das Wesenhafte des „Ich" hinein, das sich hinter ihrem Namen verbirgt.

Sprechen Sie jetzt bitte das „Ich Bin" mehrmals aus und fühlen Sie in Stille ein paar Augenblicke in das Wesenhafte des „Ich Bin" hinein.

Reflektieren Sie die Unterschiede in Ihrer Wahrnehmung zum Raum- und Zeitempfinden dieser beiden Wesensqualitäten Ihrer Wirklichkeit.

Zwischen dem Ich-Erleben und der „Ich Bin" Qualität gibt es eine Beziehung – eine Beziehung zwischen diesem lebendigen Augenblick und der zeitlosen Stille, eine Beziehung zwischen diesem Ort, an dem Sie sich gerade befinden und der Unendlichkeit des Raumes, eine Beziehung zwischen Ihrer Identität und der Unendlichkeit des Urgrunds des Seins.

Inne-Halten

Welche Vorstellung haben Sie von der Beziehung zwischen Ihrer „Ich-Qualität" und Ihrer „Ich Bin-Qualität" in diesem Augenblick?

Hier finden Sie ein paar sinnbildliche Metaphern aus Naturerfahrungen für Teil-Ganzes Beziehungen, mit denen Sie symbolisch diese Beziehung visualisieren können:

Zweig-Baum, Gipfel-Berg, Wassertropfen-Bach, Rebe-Weinstock, Welle-Meer, Stern-Universum, ...

Spielen Sie gedanklich ein wenig mit diesen Metaphern und suchen Sie sich ein passendes Wortpaar für Ihre „Ich-Qualität" und Ihre „Ich Bin-Qualität" aus.

Körper und Atemübung

(inspiriert von Siegfried Essen und seiner systemisch-spirituellen Ich-Selbst Verkörperungsarbeit)

Bitte suchen Sie sich einen Raum, in dem Sie für ein paar Minuten ungestört sind.

Sprechen Sie in Gedanken Ihren Namen aus und suchen Sie sich einen Platz für Ihre „Ich-Qualität“ im Raum. Sprechen Sie danach in Gedanken „Ich Bin“ aus und suchen Sie sich einen Platz für Ihre „Ich Bin Qualität“ im Raum. Wechseln Sie ein paar Mal zwischen den beiden Plätzen hin und her. Spüren Sie einen Unterschied in Ihrer Körperwahrnehmung? Was macht diesen Unterschied aus?

Suchen Sie sich jetzt eine dritte Position im Raum, die für die Beziehungsqualität zwischen dem Ich und dem Ich Bin steht.
Bitte beobachten Sie jetzt sehr konzentriert Ihre Atmung. Beim Einatmen spüren Sie bitte ganz bewusst in Ihren Körper hinein. Lassen Sie die Bewusstheit für Ihren Körper von Ihren Fußsohlen über Ihren Rücken nach oben bis zu Ihrem Scheitelpunkt gleiten und beim Ausatmen von oben über Ihren Bauchnabel nach unten. Konzentrieren Sie sich ganz auf diese Pendelbewegung Ihres Atems. Seien Sie sich in dieser Wahrnehmung ganz Ihrer Einzigartigkeit in diesem Augenblick bewusst und der Beziehung in der Verbundenheit mit Himmel und Erde, mit einer Qualität, die alle Dimensionen unserer Vorstellungen von Form, Raum und Zeit übersteigt.

Dieser Augenblick ist die Totalität meines Erlebens, und er ist noch viel mehr …

Die Frage „Wer bin ich?“ ist sehr alt und immer wieder lebendig und neu.

Anders gestellt lautet sie: Was bleibt übrig, wenn ich aus meinem Wahrnehmungsraum alle Inhalte abziehe (und bleibt überhaupt etwas übrig)?

Noch anders gestellt lautet sie: Gibt es Wahrnehmung (oder Bewusstheit) ohne Inhalte?

Wieder anders gestellt lautet sie: Gibt es etwas (was jedoch kein Etwas im Sinne eines Wahrnehmungsgegenstands ist), das jenseits ist von Zeit, Raum und Dingen, und doch all dies durchdringt?

Inne-Halten

Bitte reflektieren sie diese Fragen, und beantworten Sie sie für sich.
Falls Sie diese Frage mit JA beantwortet haben, erlauben Sie sich an dieser Stelle ein Stück Raum und Zeit für Ihre Erinnerungen an Erlebnisse und Orte zu dieser Art von Erfahrungszuständen.

Mit Formen von Meditation und Kontemplation gehen Menschen der Frage „wer bin ich?“ seit langem auf den Grund, und tun dies heute noch, und viele sind zu dem Ergebnis gekommen, dass es DIESES ETWAS oder NICHTS gibt. Sie haben diesem NAMENLOSEN (das keinen Namen hat, weil es kein Ding und Wahrnehmungsobjekt ist), unterschiedliche Bezeichnungen gegeben wie: Das Nichts oder die Leerheit oder die Absolutheit oder das Göttliche oder das

Namenlose oder GEIST oder das Formlose oder die Liebe oder das Licht oder die Verbundenheit mit allem oder der Urgrund allen Seins...

Inne-Halten

Welche Reaktionen und Assoziationen tauchen jetzt in Ihnen auf, nach dem Lesen der Worte

Nichts Leerheit Absolutheit Göttliches Namenloses Formloses Selbst

Positiv/zustimmend – neutral – negativ/ablehnend

oder etwas anderes?

Nehmen Sie sich Zeit für eine innere Entdeckungsreise.

Hier noch einmal die existentiellste Fragestellung überhaupt:

Ist
hinter all dem
und in all dem
was sich verändert
etwas
was sich nicht ändert
keinen Ort hat
weder innen noch außen
und auch nicht im Erlebensstrom der Zeit existiert
und das dennoch
an jedem Ort
und zu jeder Zeit
auf eine Weise
wahrgenommen werden kann
ohne dass „es“ ein Wahrnehmungsobjekt ist?

Inne-Halten

Bitte halten Sie an dieser Stelle ganz besonders in STILLE inne. Ist hinter all dem und in all dem noch etwas? Spüren Sie in Stille in diese Frage hinein und lassen Sie sich dabei so viel Zeit wie Sie brauchen, um innerlich zur Ruhe zu kommen. Vielleicht können Sie ein Stück weit zulassen, wie Stille beginnt, Ihren Geist und Ihren Körper zu durchströmen. Schöpfen Sie aus der Kraft der Stille so viel Sie in diesem Augenblick brauchen. Wenn Sie möchten, schließen Sie dabei die Augen ...

Bemerken Sie, wie sich alles ändert, und nichts beständig zu sein scheint?

Selbst das, was in diesem Augenblick als stabil und nicht veränderlich erscheint, ist bei einer genaueren Betrachtung einem ständigen Erneuerungsprozess unterzogen.

Inne-Halten

Spielen Sie Ihren bisherigen heutigen Tag noch einmal wie Ihren persönlichen Film in Gedanken durch und werden Sie sich gewahr, wie sich Ihr Innen Leben im Laufe des Tages geändert hat.
Denken Sie an Beziehungen zu anderen Menschen, beispielsweise an Begegnungen in der Arbeit, mit Freunden oder in Ihrer Familie, die in der Form einzigartig waren.
Betrachten Sie, wie auch Ihre äußere Umgebung wie das tägliche Wetter einen vielleicht kleinen, aber ständigen Wandel vollzieht - in diesem und jedem Augenblick ...

In Ihnen: Veränderung.
In Ihrer Beziehung zu anderen: Veränderung.
In der Betrachtung des Äußeren: Veränderung.

Stellen Sie sich vor, Sie könnten alles das was sich in Ihrer Wahrnehmung in diesem Augenblick zeigt und ändert, aus Ihrem Wahrnehmungsraum entfernen, oder ganz in den Hintergrund stellen (wenn Sie das können, dann tun Sie es bitte jetzt).

Was bleibt dann noch übrig?

Bleibt überhaupt noch etwas übrig?

Und jetzt machen Sie bitte das Experiment (das auch die Grundlage aller Mystik darstellt): Gehen Sie den Inhalten Ihres Bewusstseins solange auf den Grund, bis Sie die Frage, ob hinter oder unter allen Veränderungen noch etwas existiert, aus eigener Erfahrung beantworten können.

Was IST ES, was noch bleibt, wenn ich meinen Wahrnehmungsstrom in diesem Augenblick auslöschen könnte, oder wenn dieser sich auflösen würde?

Inne-Halten

Stellen Sie sich die Buchstaben, Worte und Sätze dieser beschriebenen Buchseite als die Inhalte Ihrer Wahrnehmung vor.

Stellen Sie sich jetzt vor, wie sich die Buchstaben, Worte und Sätze auflösen, und Sie ein leeres Blatt Papier sehen.

Stellen Sie sich jetzt vor, wie sich selbst das Blatt Papier auflöst und Sie einen Raum zwischen Ihren Händen wahrnehmen.

Stellen Sie sich jetzt nicht einmal mehr den Raum zwischen Ihren Händen vor.

Und all das, was an Gedanken, Empfindungen und Wahrnehmungen zu dieser Buchseite sonst noch da ist, selbst das ist nicht mehr.

Was IST das (was noch da IST)?

Glauben und vertrauen wir den Antworten, die andere gegeben haben (aus den mystischen Traditionen, der Philosophie und der Kunst), dann gibt es dieses Unaussprechliche.

Es ist kein Dies oder Das oder Jenes, es ist nicht an Raum und Zeit gebunden, und doch IST es, es lässt sich nicht beschreiben (einschließlich dieser Beschreibung), und doch IST es.

Es ist dasjenige was übrigbleibt, wenn wir alle Inhalte unserer Wahrnehmung und unseres Erlebens von der Totalität dieses und jedes Augenblicks abziehen.

Die Vernunft begreift das Wirkliche, aber nicht die Wirklichkeit. Die Vernunft gibt dem Inhalt nach alles, was in der Erfahrung vorkommt, sie begreift das Wirkliche, aber darum nicht die Wirklichkeit. Der unmittelbare Inhalt der Vernunft ist also nichts absolut Gewisses, Bleibendes. Das eigentliche Bleibende in ihm muß erst eruiert werden. Dieß geschieht, indem das Zufällige ausgeschieden wird.

Die Vernunft hat von dem, was das Seynde selbst ist, keinen anderen als einen negativen Begriff ... und hiermit ist denn also auch der Begriff einer negativen Wissenschaft gegeben, welcher eben dieß obliegt, den Begriff dessen, was das Seyende selbst ist, auf diese Weise zu erzeugen, nämlich in dem alles nicht Seyende ... successiv ausgeschlossen wird.

– Friedrich Wilhelm Joseph Schelling

Ich er-lebe mich körperlich, doch ich bin nicht mein Körper. Alle körperlichen Wahrnehmungen sind vorübergehend.

Ich er-lebe mich emotional, doch ich bin nicht meine Emotionen. Alle emotionalen Wahrnehmungen sind vorübergehend.

Ich er-lebe mich gedanklich, doch ich bin nicht meine Gedanken. Alle gedanklichen Wahrnehmungen sind vorübergehend.

Ich er-lebe mich, doch ich bin nicht mein Erleben. Alles Erleben hat einen Anfang, einen Verlauf und ein Ende.

Was bleibt übrig?

Inne-Halten

Wen oder was erleben Sie, wenn Sie keine Wahrnehmungsinhalte haben?

ZU OFFENSICHTLICH
UM ES ZU SEHEN
ZU EINFACH
UM ES ZU VERSTEHEN
ZU NAHE
UM DORTHIN ZU GELANGEN
ZU UNMITTELBAR
UM ES ZU ERREICHEN

Atemübung und innere Sammlung

Lesen Sie bitte noch einmal die vier Sätze und schließen Sie bitte danach Ihre Augen. Lassen Sie die Worte innerlich nachklingen. Spüren und lauschen Sie hinein in das, was in Ihnen nachschwingt und jetzt Ihren Körper durchströmt und sich mit Ihrem Atem verbindet.
Atmen Sie in dieses Gewahrsein für ein paar Augenblicke hinein.

Ich kann mich erleben, als einen Beobachter oder eine Zeugin – wer ist es der oder die bezeugt, ohne selbst Gegenstand eines Bezeugens oder einer Betrachtung zu werden?

Ich bin der, die oder das ICH BIN dieses und eines jeden Augenblicks, ungeboren und ungestorben, vor aller Zeit und allem Raum, und doch zu jedem Zeitpunkt und an jedem Ort immer-anwesend.

Diese in diesen Worten zum Ausdruck kommende Wachheit oder klare Bewusstheit, so sagen es die kontemplativen und meditativen Traditionen, lässt sich durch langjährige Praxis immer weiter ausdehnen, zuerst auf den Wachzustand, dann auf den Traumzustand, und schließlich auch auf den Zustand des traumlosen Tiefschlafs. In dieser Meditationspraxis weit Fortgeschrittene können 24 Stunden am Tag wach (im Sinne von erwacht, gewahr oder bewusst) sein, auch wenn sie träumen oder im traumlosen Tiefschlaf sind. Im Wachzustand bezeugen sie die Phänomene der grobstofflichen (Außen)Welt, im Traumzustand bezeugen sie die Phänomene ihrer subtilen Innen- und Traumwelt, und im traumlosen Tiefschlaf bezeugen sie die Leerheit oder Absolutheit des NICHTS, als dem Raum (als einem persönlichen Bewusstseinsraum) in dem alle Phänomene erscheinen, ein wenig oder länger verweilen, und wieder vergehen. Die Art und Weise wie ich meine Außen- wie auch Innenwelt wahrnehme ändert sich im Laufe meines Lebens und dabei dehnt sich mein Bewusstsein aus. Es gibt nicht nur eine lebenslange Weiterentwicklung in meiner Bewusstheit für meine Außenwelt, sondern auch eine Evolution in der Bewusstwerdung für mein Innenleben.

Inne-Halten (evolutionärer Impuls)

Der evolutionäre Impuls wird oft als ein Drang zu Verwirklichung und schöpferischem Ausdruck beschrieben.

- Können Sie dies als Erfahrungen Ihres eigenen Lebens bestätigen?
- Durch welches Erleben drückt sich der schöpferisch-evolutionäre Impuls in Ihnen und durch Sie aus?
- Was folgt daraus für Ihr Tun?
- Was folgt daraus für Ihr Sein?

Kontemplative Praxis hat zum Ziel: die Wachheit (d.h. mein Bewusstsein für mein Erwacht-sein) immer weiter auszudehnen, bis wir er-wacht sind zur Leerheit, in der alle Formen erscheinen, mehr oder weniger lange verweilen, und wieder vergehen.

Beispiel für ein Assoziationsfeld zum Wesenhaften des Erwacht-sein:

ALLUMFASSENDE BEWUSSTHEIT IN DIESEM UND JEDEM AUGENBLICK, FÜLLE IN DER LEERHEIT UND LEERHEIT IN DER FÜLLE ERFAHREN, SICH ALS GEFÄß FÜR DEN AUFTRAG DES LEBENS ERLEBEN, SELBSTVERWIRKLICHUNG IM TUN UND SEIN, ALLUMFASSENDE VERBUNDENHEIT MIT DER GÖTTLICHEN NATUR UND ALLEN WESEN ERLEBEN, JETZT, ICH BIN, SELBSTBEFREIUNG DURCH SELBSTTRANSZENDENZ ERFAHREN, SICH GLEICHZEITIG ALS TEIL, MITGLIED UND GANZES DER EVOLUTION VERSTEHEN UND EMPFINDEN …

Inne-Halten

Welche Erfahrungen des „Erwachtseins" haben Sie in Ihrem Leben bisher gemacht, und was sind Ihre Worte dafür – wenn Sie dafür überhaupt Worte haben (möchten)?

Sind obige Beschreibungen für Sie „leere Worte", oder treffen sie auf eine Resonanz mit selbst Erlebtem?

Wie gut sind Sie in Kontakt mit diesen Erfahrungen?

- gar nicht abrufbar

- nach intensiver meditativer Praxis

- nach kurzer Bewusstwerdung an einem Ort der Stille

- zu jeder Zeit im Alltag

Bitte versuchen Sie nicht, sich dieses Bewusstsein des Erwachtseins vorzustellen, sich einzubilden oder auf irgendeine Weise herbeizuführen. Das wäre bloß eine Form der Selbstmanipulation und Autosuggestion. Das Erwachen zum JETZT ist ein Geschenk. Das, was Sie erkennen werden, ist etwas das bereits in jedem Augenblick schon immer da war (und jetzt da ist) und nicht erst herbeigeführt oder durch eine mentale Technik erzeugt werden muss. Das Assoziationsfeld soll Sie lediglich beim Erinnern an Ihre Erfahrungen des Erwachtseins unterstützen.

Inne-Halten (Nicht-Wissen Praxis)

Nehmen Sie so unmittelbar wie möglich Kontakt zu dem auf, was Jetzt geschieht. Alle Gedanken, die dabei erscheinen, um Ihnen diesen Augenblick zu beschreiben und erklären, weisen Sie liebevoll zurück („... jetzt bitte nicht, ich gebe dir noch den dir gebührenden Raum ..."). Öffnen Sie sich für das Unbeschreibliche, und lassen Sie auch diese Beschreibung dabei los.

(Bitte vertrauen Sie darauf, dass das unsichtbare und torlose Tor jederzeit für Sie geöffnet ist ...)

Das Erwachen kann in jedem Augenblick geschehen und es geschieht in jedem Augenblick.

Frage: Was tun Sie, wenn Sie schlafen?

Antwort: Ich bin gewahr zu schlafen.

Frage: Ist Schlaf nicht ein unbewusster Zustand?

Antwort: Ja, ich bin gewahr, unbewusst zu sein.

Frage: Und wenn Sie wach sind oder träumen?

Antwort: Dann bin ich gewahr, wach zu sein oder zu träumen.

Frage: Da komme ich nicht mit. Was meinen Sie genau? Lassen Sie mich meine Vorstellungen klar machen: Mit Schlafen meine ich, unbewusst zu sein, mit Wachsein meine ich, bewusst zu sein, und mit Träumen meine ich, sich seines Verstandes [mind] bewusst zu sein, doch nicht der Umgebung.

Antwort: Ja, mit mir ist es fast genauso, und doch scheint da ein Unterschied zu sein. In jedem dieser Zustände vergessen Sie die anderen zwei, während es für mich nur einen Zustand des Seins gibt, der die drei mentalen Zustände von Wachsein, Träumen und [traumlosen Tief-] Schlaf einschließt und transzendiert.

– (aus: Sri Nisargadatta Maharaj, Ich Bin, S. 18)

Inne-Halten

Wie wach und klar in Ihrem Bewusstsein erleben Sie sich

- Wenn Sie wach sind?
- Wenn Sie träumen?
- Im traumlosen Tiefschlaf?

In vielen mystischen und philosophischen Traditionen sind konkrete Anleitungen zur Lebenspraxis für den (spirituellen) Weg des Erwachens zu finden.

Assoziationsfeld zu möglichen Praktiken zur „Ich Bin“ Erfahrung:

ACHTSAMKEITSPRAXIS, BETEN, KONTEMPLATION, MEDITATION, PRAXIS DES MITGEFÜHLS, PRAXIS DER LIEBE, PRAXIS DER STILLE, REZITIEREN VON WEISHEITSTEXTEN, POESIE, ZEN, …

Inne-Halten

Kontemplieren Sie bitte über folgenden Text (von Angelus Silesius):

Was ist die Ewigkeit? Sie ist nicht dies, nicht das, nicht Nun, nicht Ichts, nicht Nichts; sie ist, ich weiß nicht was.

Schließen Sie dazu Ihre Augen und lassen Sie die Worte auf sich wirken.

Inne-Halten

Rezitieren Sie bitte den folgenden Text (von Rumi):

Ich habe die ganze Welt auf der Suche nach Gott durchwandert und ihn nirgendwo gefunden. Als ich wieder nach Hause kam, sah ich ihn an der Türe meines Herzens stehen, und er sprach: „Hier warte ich auf dich seit Ewigkeiten.“ Da bin ich mit ihm ins Haus gegangen.

Lesen Sie den Text jetzt noch einmal laut durch und beobachten Sie dabei ihr Innenleben.

Gibt es noch etwas?

Offen sein für die Totalität des Erlebens in jedem Augenblick, mit einer Wachheit die bis zu 24 Stunden am Tag aufrecht erhalten werden kann – gibt es sonst noch etwas außerhalb dieses OFFENSICHTLICHEN?

Anders formuliert: Wenn ich in meiner Bewusstheit alles wahrnehme was sich mir darbietet, einschließlich der Leerheit, innerhalb derer alle Phänomene kommen und gehen, sehe und erkenne ich dann alles was es gibt?

Meta-Brille

Lassen Sie die letzte Frage noch ein wenig auf sich wirken.

Alles das, was Sie bis hierher gelesen haben und alle Ihre Gedanken, Gefühle und Körperempfindungen dazu sind konkrete Bewusstheit mit Fokus auf das innere Universum Ihrer Wirklichkeit. Wenn Sie möchten, machen Sie jetzt eine Pause, klatschen Sie als bewusste Unterbrechung ein paar Mal in die Hände oder strecken Sie sich, trinken Sie ein Glas Wasser oder eine Tasse Kaffee, was auch immer Ihnen jetzt gut tut.

Legen Sie bitte das Buch zur Seite und versuchen Sie jetzt, ihre Brille der Innenschau bewusst abzulegen. Geht das so einfach?

Bitte betrachten Sie sich selbst in einem Spiegel. Nehmen Sie eine Änderung in ihrer Selbstwahrnehmung von außen wahr? Können Sie sich in der Spiegelwahrnehmung gleichzeitig von außen sehen und von innen wahrnehmen?

Teil 2: Bereiche der Wahrnehmung

Subjektivität und Objektivität

Dieser Augenblick ist alles was ich habe …

doch ist dieser Augenblick auch alles was IST?

Dieser Augenblick ist erlebte Subjektivität, *meine* Subjektivität, die ich in Worten ausdrücken kann wie „mir geht es …“ oder „ich fühle …“. Doch ich kann auch sagen „es ist …“. Letzterer Satzbeginn weist auf einen objektiven Sachverhalt der so ist wie er ist, unabhängig von mir und meiner Wahrnehmung. Doch diese Objektivität wird immer von einem Subjekt zum Ausdruck gebracht, von mir, von Ihnen oder von jemand anderem. Wie kommt das Wissen von Objektivität in mein subjektives Bewusstsein, oder, anders gefragt, woher weiß ich von etwas, das objektiv existiert, wenn ich doch nur die Subjektivität dieses meines Augenblicks habe?

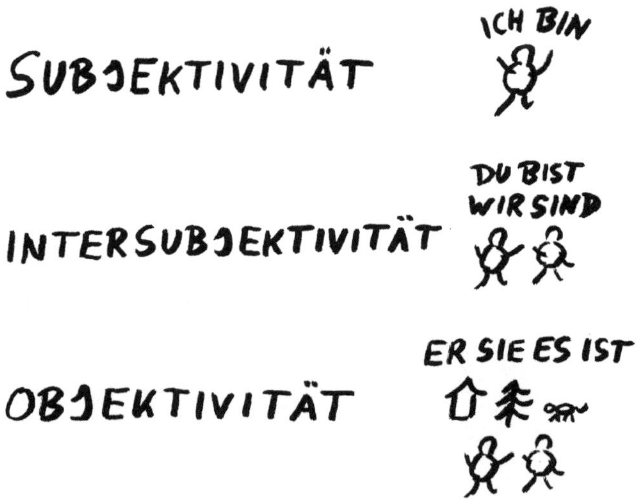

Die äußere Welt

Ich sitze im Garten, unter einem Sonnenschirm, höre Sirenen heulen (denke „das ist ein Probealarm, es ist 12.00 Uhr, da heulen immer wieder mal die Sirenen …"). Ich sehe den Computer, den Tisch, ein Stück Garten, ein Nachbarhaus und den Himmel.

Das ist die äußere Welt so wie ich sie jetzt erlebe, doch ist das *die* äußere Welt? Was ich *auch* wahrnehme, wenn ich jetzt darüber nachdenke, ist mein *Wissen* über die äußere Welt. Es sind Vorstellungen, Gelerntes, Gelesenes und Erarbeitetes im Laufe meines Lebens. Ich weiß um ein sich ausdehnendes, unvorstellbar großes Universum, eine Galaxis mit Milliarden von Sonnen, von denen eine jetzt das Licht liefert für den Tag den ich gerade erlebe, auf einem von mehreren Planeten die um diese Sonne kreisen. Ich weiß von Tausend Dingen und Zusammenhängen von diesem Planeten, von anderen Ländern, von Geologie und Geografie, von Wäldern, Flüssen, Bergen und Seen, von Ökologie und Ökonomie und vielem anderem. Und ich weiß einiges über die physikalischen Gesetzmäßigkeiten der äußeren Welt, wie z. B. die Gesetze der Gravitation (wie von Isaac Newton und später von Albert Einstein formuliert), welche die Formgebung der Galaxien, die Bewegungen der Planeten und aller Materie beschreiben (ohne selbst materiell und damit äußerlich sichtbar zu sein), und ich weiß einiges über wirtschaftliche und ökologische Zusammenhänge.

Die äußere Welt ist damit auf zweierlei Weise für mich jetzt unmittelbar erlebbar. Zum einen durch das was ich durch meine Augen sehe und durch meine Ohren höre, d. h. was ich vermittelt durch meine Sinne erlebe, und zum zweiten durch das was ich (gedanklich und gefühlt) darüber weiß. Und beides findet *jetzt* in meinem Bewusstsein statt. Und beides kann ich – in mir – einander gegenüberstellen. Macht das, was ich wahrnehme, und das was ich weiß, Sinn? Ersteres umfasst – gemessen an der Ausdehnung des materiellen Kosmos insgesamt – ein unglaublich kleines Bruchstück des gesamten Universums, Letzteres umfasst gedanklich das ganze Universum, jedenfalls soweit mein Wissen reicht. Die Reichweite meines Wissens über die äußere Welt ist das was ich darüber weiß. Woher kommt dieses Wissen? Aus den niedergeschriebenen oder anders geäußerten Erfahrungen anderer Menschen, die ihrerseits (teilweise mit technischen Hilfsmitteln wie Fernrohren oder Mikroskopen) die äußere Welt beobachtet und beschrieben haben, aus ihrem unmittelbaren Erleben zum Zeitpunkt des Aufschreibens heraus. Diese anderen Menschen haben wieder von anderen Menschen gelernt, welche wiederum von anderen Menschen gelernt haben, in einem immerwährenden Austausch. All dies weiß ich subjektiv von der äußeren Welt, jetzt in diesem Augenblick.

In diesem Wissen treffen sich dreierlei:

- meine Subjektivität jetzt
- die Intersubjektivität, die dadurch entsteht dass ich mir das Wissen anderer (inter-subjektiv) zu eigen gemacht habe, durch Dialog, Hören, Lesen, Lernen, Verstehen und Austausch
- Objektivität, welche durch inter-subjektive Übereinkunft über Sachverhalte (in diesem Fall über die äußere Welt) entsteht (wo viele Menschen nach intensiven wissenschaftlichen Diskursen und Überprüfungsverfahren über etwas übereinstimmen, kann dieses Etwas nicht mehr nur subjektiv oder inter-subjektiv sein.) Die Menschheitssuche nach Objektivität auf allen Seins- und Wissensfeldern ist

Wissenschaft, als ein Streben der Aufklärung nach Wissen, Weisheit und Wirklichkeit.

Subjektivität bringt mich in Kontakt mit mir selbst.

Intersubjektivität bringt mich in Kontakt mit mir selbst und einem Anderen und Du, und damit über mich selbst hinaus.

Objektivität bringt mich in Kontakt mit dem was objektiv ist, und damit noch über mich selbst und das andere Du hinausreicht.

Subjektivität, Intersubjektivität und Objektivität sind Perspektiven auf *eine* manifeste Wirklichkeit die sich aus und im Unmanifesten verwirklicht.

All dies entsteht und erscheint jetzt in mir, und über mich hinaus. Mein Denken, und jedes Denken, bildet die Welt ab, und so gesehen ist die Welt subjektiv in jedem Menschen. Über den gemeinschaftlichen intersubjektiven Austausch können sich Weltbilder annähern, und es entsteht Objektivität.

Dieser Augenblick entfaltet sich in einem ganzen Spektrum von möglichen Wahrnehmungsperspektiven von Wirklichkeit, die sich von Augenblick zu Augenblick ändern.

Dieser Augenblick ist alles ...

... was ich in diesem Augenblick denke, fühle und wahrnehme (meine individuelle innere phänomenologische Welt des Augenblicks, meine Ich-Perspektive von der Welt).

... was ich in diesem Augenblick in der Beziehung mit anderen Menschen und mit der äußeren Welt denke, fühle und wahrnehme (unsere kollektive innere phänomenologische Welt des Augenblicks, als ein Wunder eines Wir)

... was in diesem Augenblick meine äußere Welt ausmacht (beispielsweise mein Körper in einer sich dynamisch verändernden Umwelt)

... was in diesem Augenblick unsere kollektive äußere Welt ausmacht.

... was mein Bewusstsein und unser kollektives Bewusstsein vermag, sich in diesem Augenblick dieses Augenblicks bewusst zu werden (in einer Evolution des Bewusstseins von Augenblick zu Augenblick)

Inne-Halten

- Was ist Ihr unmittelbares Erleben jetzt von der äußeren Welt?
- Was wird Ihnen gerade jetzt durch Ihre Sinne vermittelt – Sehen, Hören, Riechen Schmecken, Berühren?
- Wie fühlt es sich jetzt für Sie an, ein Mensch in einer äußerlich gegebenen Welt zu sein?
- Was sind Ihre Vorstellungen von der äußeren Welt (Ihr Weltbild) und deren Gesetzmäßigkeiten?
- Können Sie Ihre Weltphilosophie in ein paar wenigen Sätzen formulieren?

Die zwischenmenschliche Beziehungswelt

Ich sitze am Schreibtisch und denke an einen Menschen der mir nahe steht. Ich erlebe mich dabei als ein Mensch in Beziehung. Dies fühlt sich sehr lebendig an und hat eine Geschichte. Ich denke an den Tag unserer ersten Begegnung, und wie sich unsere Beziehung seitdem entwickelt hat, mit Aufs und Abs, Höhen und Tiefen. Bilder, Eindrücke, Stimmungen, Erlebnisse tauchen auf. Ich habe das Bild von einem Tanz vor Augen, den wir gemeinsam tanzen, und den keiner von uns alleine so tanzen könnte.

Das ist meine zwischenmenschliche Welt, so wie ich sie jetzt erlebe, jedenfalls ein kleiner Teil davon. Doch ist das *die* zwischenmenschliche Welt? Was ich auch wahrnehme, wenn ich jetzt an Menschen mit denen ich in Beziehung stehe oder stand denke und fühle, ist meine Wahrnehmung und mein Wissen darüber. Würde man die Menschen, an die ich denke, über ihre Beziehung zu mir befragen, hätten sie sicher eine andere Wahrnehmung davon. Doch über manches können *wir* uns dabei verständigen, und dann können wir sagen „*Wir* verstehen *uns*". Das Kennen der zwischenmenschlichen Welt erfordert Austausch und Dialog. Doch anders als beim Austausch über die äußere Welt, wo es um den Austausch über ein „Es" geht, geht es bei der zwischenmenschlichen Welt um Intersubjektivität als ein einfühlendes und sich austauschendes gemeinsames Erleben. Es ist ein Tanz, der gemeinsam getanzt wird. Die äußere Welt kann mich beeindrucken, bewegen, erschüttern oder freuen. Doch begegne ich einem Menschen in der äußeren Welt und trete mit ihm in einen Austausch, dann wechsele ich von der Betrachtung eines „Es" zum Austausch mit einem „Du".

Inne-Halten

- Stellen Sie sich einen Menschen vor, mit dem Sie in Beziehung sind (oder waren), und erleben Sie, wie es sich jetzt anfühlt, mit diesem Menschen in Beziehung zu sein (oder gewesen zu sein).
- Wie hat diese Beziehung begonnen, und können Sie sich noch an das Gefühl und den Geschmack der ersten Begegnung erinnern?
- Lassen Sie in Ihrem inneren Wahrnehmungsraum Bilder, Eindrücke und Stationen dieser Beziehung auftauchen. Was waren Meilensteine auf dem Weg dieser Beziehung?
- Was ging leicht, und was war schwierig?
- Gibt es etwas Unausgesprochenes, das Sie der anderen Person sagen möchten, dann formulieren Sie das für sich, und finden eine geeignete Form, dies der anderen Person zu übermitteln.
- Mit welchem Menschen waren Sie zuletzt in einem Austausch? Wie fühlt sich dieser Austausch jetzt für Sie an?

Ich kann mich selbst als ein Mensch-in-Beziehung erfahren. Doch dieses Erfahren erstreckt sich nur auf die Menschen und Wesen mit denen ich in Beziehung stehe, und das sind sehr, sehr wenige, verglichen mit der Anzahl von Beziehungen, die derzeit auf der Welt existieren. Doch ich habe, genauso wie über die äußere Welt, Vorstellungen über die Beziehungswelt, als die Gesamtsumme der Erfahrungen und des Gelernten meines Lebens. Was davon in meinem Jetzt-Erleben auftaucht erlebe ich jetzt. Ich weiß um unterschiedliche Formen von Beziehungen – Liebesbeziehungen, Arbeitsbeziehungen, Freundschaften –, ich weiß um Höhen und Tiefen von Beziehungen, von romantischen, schwierigen, turbulenten und ruhigen Phasen von Beziehungen, und vieles mehr. Ich weiß einiges über Gesetzmäßigkeiten von Beziehungen und deren Ablauf, und was und wie Beziehungen sein könnten oder sollten. In mein unmittelbares Erleben einer Beziehung mit einem anderen Menschen oder Wesen mischen sich meine Erfahrungen und mein Wissen dazu.

All dies weiß ich subjektiv von der Beziehungswelt, jetzt in diesem Augenblick.

In diesem Wissen treffen sich dreierlei:

– meine Subjektivität jetzt
– die Intersubjektivität meiner Erfahrungen und meines Lernens von Beziehungen
– eine Objektivität, die durch inter-subjektive Übereinkunft über Sachverhalte (in diesem Fall über die Beziehungswelt) entsteht

Subjektivität bringt mich in Kontakt mit mir selbst.

Intersubjektivität bringt mich in Kontakt mit mir selbst und einem Anderen und einem Du, und damit über mich selbst hinaus.

Objektivität bringt mich in Kontakt mit dem, was objektiv IST, und damit über mich selbst und das andere Du hinausreicht.

Subjektivität, Intersubjektivität und Objektivität sind Perspektiven auf *eine* manifeste Wirklichkeit die sich aus und im Unmanifesten verwirklicht.

All dies entsteht und erscheint jetzt in mir.

Inne-Halten

- Wie fühlt es sich jetzt für Sie an, ein Mensch-in-Beziehung zu sein?
- Wie fühlt es sich für Sie an, nicht alleine auf der Welt zu sein, sondern immer schon von Anfang an mit anderen Menschen und Lebewesen in Beziehung zu sein?
- Wie gehen Sie damit um, dass andere anders sind als Sie?
- Sind Sie ein Mensch, der auf andere zugeht, oder verhalten Sie sich eher passiv?
- Würden Sie sich eher als einen schwierigen oder als einen umgänglichen Menschen bezeichnen?

Erlauben Sie sich jetzt eine kurze Pause zur Reflexion Ihres Beziehungserlebens und Ihres Beziehungsverhaltens (der Subjektivität und der Objektivität Ihrer – intersubjektiven – Beziehungswelt), bevor Sie weiterlesen und zur nächsten Übung gehen.

Inne-Halten

- Was sind Ihre Vorstellungen, Theorien und Modelle von der Beziehungswelt?
- Wenn Ihnen jemand die Frage stellen würde: „Sag' mir mal, wie Beziehungen funktionieren?", was würden Sie darauf antworten?
- Können Sie Faktoren benennen, warum Beziehungen nicht funktionieren?

Assoziationsfeld zu Möglichkeiten der Gestaltung der Beziehungswelt:

ABLEHNUNG, ABWEHR, ABWERTUNG, AGGRESSION, ANTEILNAHME, ANTWORTEN, AUFMERKSAMKEIT GEBEN, BERÜHRUNG, DEBATTE, DEESKALATION, DIALOG, DISKURS, DISKUSSION, ESKALATION, FRAGEN, HELFEN, IGNORIEREN, INTIMITÄT, INTRIGIEREN, KONTROLLE, MANIPULATION, MITGEFÜHL, PROVOKATION, REDEN, STREITEN, SUGGESTION, TANZ, UNTERDRÜCKUNG, UNTERSTÜTZUNG, VERHANDELN, ZUHÖREN

Ihr Beziehungsleben können Sie von verschiedenen Perspektiven aus betrachten.

Innerlich wahrgenommen:

Spüren Sie in eine Beziehung mit einem Menschen, der Ihnen nahe steht hinein.

– Welche Emotionen erleben Sie dabei?

– Was verbindet Sie mit diesem Menschen?

– Welche gemeinsamen Werte sind in dieser Beziehung wichtig?

Äußerlich betrachtet:

Beschreiben Sie diese Beziehung einer virtuellen dritten Person.

- Wie wird diese Beziehung von außen wahrgenommen?
- Welche Merkmale und Eigenschaften sind für sie typisch?
- Durch welches Verhalten und Tun oder Unterlassen äußert sich diese Beziehung?
- Welche Kommunikationsmuster sind für diese Beziehung charakteristisch?

Inne-Halten

- Auf welche Weisen gestalten Sie Ihre Kommunikation und Beziehungswelt?
- Was läuft gut in Ihrem Beziehungsleben, und warum?
- Was läuft nicht so gut in Ihrem Beziehungsleben, und warum?

Inne-Halten *(Unsichtbare Verbindungsnetze)*

- Können Sie fühlen, in einem Netz(werk) von Beziehungen zu sein? (beispielsweise in der Partnerschaft, Familie, Arbeit, Freunde, Vereine, …)
- Bei welchen Beziehungen (bzw. Beziehungsnetzen) haben Sie das Gefühl mit „unsichtbaren Gummibändern" verbunden zu sein, und wie fühlt sich das an (angenehm, unangenehm, zu nah, zu weit weg …)?
- Bei welchen Beziehungen (bzw. Beziehungsnetzen) können Sie sich ganz leicht und frei bewegen?
- Versuchen Sie bitte jetzt diese unterschiedlichen Qualitäten von Verbindungen in Beziehungsnetzwerken in Worten zu beschreiben, körperlich darzustellen, ein Bild von den Verbindungen zu malen, das Beziehungsnetzwerk mit Gegenständen aufzustellen oder auf irgendeine andere Art und Weise auszudrücken.
- Tauschen Sie sich bitte danach mit einer Person Ihres Vertrauens über Ihre Beziehungsperspektiven aus.

In den folgenden Inne-Halten Übungen finden Sie konkrete Beispiele für Beziehungssituationen aus dem Alltag als weiterführende Anregungen zur Reflexion Ihres Beziehungs(er)lebens.

Inne-Halten (Beziehungssituationen)

Wählen Sie aus den folgenden aus dem Alltagsleben gegriffenen Beziehungssituationen aus.

Beziehungssituation „zufälliges Beisammensein"

Stellen Sie sich eine Situation eines zufälligen Beisammenseins vor, die Sie erlebt haben (oder erleben könnten), wie das Warten an einer Haltestelle oder beim Einkaufen, Begegnungen auf einer Party oder unterwegs sein im Bus, Zug oder Flugzeug

- Wie erleben Sie sich in solchen Situationen: sicher, unsicher, neugierig, kontaktfreudig, zurückhaltend ...?
- Auf welche Weisen gestalten Sie derartige Situationen: gar nicht, aktiv Kontakt suchend, Kontakt vermeidend ...?

Beziehungssituation „persönliches Gespräch"

Stellen Sie sich die Situation eines persönlichen Gespräches oder Austausches vor, das Sie in letzter Zeit hatten, beruflich oder privat (mündlich, fernmündlich, per E-Mail ...)

- Wie ist das Gespräch zustande gekommen und welchen Anteil hatten Sie daran?
- Welchen Verlauf hat das Gespräch genommen, und welchen Anteil hatten Sie daran?
- Welche Atmosphäre hatte das Gespräch, und welchen Anteil hatten Sie daran?
- Was waren die Inhalte des Gespräches, und welchen Anteil hatten Sie daran?
- Wie wurde das Gespräch beendet, und welchen Anteil hatten Sie daran?
- Welche Verhaltensmuster fallen Ihnen rückblickend auf, die typisch für Sie sind?
- Haben Sie rückblickend etwas erlebt, was neu war?

Beziehungssituation „Konflikt"

Stellen Sie sich eine konkrete Konfliktsituation mit einem Menschen vor

- Was erleben Sie somatisch und emotional, wenn Sie an diesen Konflikt (diesen Menschen) denken?
- Wie ist dieser Konflikt entstanden, und gibt es dabei etwas von dem Sie sagen „Das ist mein Anteil daran?"
- Was fällt Ihnen schwer bei diesem Konflikt, und gibt es auch etwas, woraus Sie dabei Kraft und Energie schöpfen?
- Wie wäre Ihr Leben ohne diesen Konflikt?
- Möchten Sie diesen Konflikt für sich beenden, und was könnten Sie dafür tun (oder unterlassen)?

Meta-Brille

Halten wir an dieser Stelle einmal besonders inne, und stellen Sie sich bitte die Frage:

Wie geht es mir damit, mich so befragen zu lassen? Sind Sie

- unangenehm berührt?
- inspiriert?
- genervt?
- angeregt?
- ärgerlich?

Was auch immer es ist – erleben Sie es so unmittelbar wie möglich.

Atemübung (Ich + Du = Wunder)

Schließen Sie nach dem Lesen der Fragen, wenn Sie möchten, die Augen und spüren Sie bewusst in Ihren Atem hinein. Beobachten Sie dabei Ihren Atemfluss, Ihren Atemrhythmus und Ihr Körpergefühl.

- Wie ändern sich das Körpergefühl, der Rhythmus und die Intensität Ihres Atems, wenn Sie an Menschen denken, die Ihnen sehr nahe stehen?
- Wie ändern sich das Körpergefühl, der Rhythmus und die Intensität Ihres Atems, wenn Sie an Menschen denken zu denen Sie ein distanziertes Verhältnis haben?
- Welches Körpergefühl und welchen Raum nehmen Sie zwischen dem Ich und dem Du wahr?
- Wie drückt sich das Wunder des WIR in Ihrem Atem aus?

Die persönliche Innenwelt

Nach der Betrachtung der äußeren Welt und der zwischenmenschlichen Welt, als Welten, die letztendlich aus einer persönlichen Wahrnehmung erscheinen (auch wenn sie, über die Möglichkeit von zwischenmenschlichem Austausch und einer daraus entstehenden Objektivität weit darüber hinaus gehen können), wenden wir uns jetzt einer genaueren Betrachtung dieser persönlichen Innenwelt als einem Bewusstseinsraum zu, aus und in dem alle unsere Wahrnehmungen entstehen.

Teil 3: Inhalte, Strukturen und Dynamiken des Bewusstseins

Die Inhalte des Bewusstseins

Die Inhalte des Bewusstseins sind das Salz in der Suppe unseres Lebens.

Durch sie berühren wir das Leben unmittelbar. Sie sind die Quelle sowohl von grenzenloser (wenn auch endlicher) Freude und Begeisterung, als auch von grenzenlosem (wenn auch endlichem) Leid und Enttäuschung. Die Inhalte unseres Bewusstseins sind vergänglich. Sie kommen, bleiben mehr oder weniger lange, erfreuen oder quälen uns mehr oder weniger lange und verschwinden wieder, um neuen Inhalten Platz zu machen. Durch die Identifikation mit Inhalten manifestieren wir das Leben und uns selbst in all seiner Schöpferkraft, und leiden gleichzeitig an dessen Vergänglichkeit. Durch die Identifikation nehmen wir das Leben in seiner ganzen Fülle an. Durch die Ent-Identifikation befreien wir uns von den Begrenzungen der Endlichkeit.

Die Inhalte unseres Bewusstseins sind das Salz in der Suppe unseres Lebens.

Sich innerlich kennen und durch die Tore der Wahrnehmung gehen

Abgesehen von dem in Teil 1 beschriebenen Zustand einer inhaltsleeren Wahrnehmung, wie wir sie aus den Beschreibungen der kontemplativen Traditionen kennen, hat unser Bewusstsein permanent Inhalte, auch wenn wir träumen. Wir können uns und unsere Inhalte selbst von innen her kennen lernen, auf eine Weise, wie das niemand anderem (von außen) möglich ist.

Warum sollten wir das tun? Weil es uns gibt, jeden und jede von uns in seiner und ihrer Einzigartigkeit.

Und weil, so wird gesagt, Bewusstheit heilt und das unermüdliche Streben nach mehr Bewusstheit und Wirklichkeit die bewusst erlebten Augenblicke von innerem Frieden, Freiheit und Lebensfreude mehren kann.

Unreflektierte Unmittelbarkeit dieses Augenblicks

Ich erlebe die Unmittelbarkeit des Jetzt, … und Jetzt, … und Jetzt

Dies ist das Erleben dieses Augenblicks, so unvermittelt und unmittelbar wie möglich, wie wir es im ersten Teil dieses Buches untersucht haben.

Assoziationsfeld:

EINFACH SEIN, SO-SEIN, DA-SEIN, HIER-SEIN, ERLEBEN, OFFEN SEIN, WACH SEIN, ACHTSAM SEIN, EINFACH SEIN, WISSEND, NICHT-WISSEND, WOLLEND, NICHT-WOLLEND, ALLES VERGESSEND, NICHTS-ERINNERND, SEIN, NICHT-SEIN.

Inne-Halten

- Was ist Ihr unmittelbares und – so weit möglich – unreflektiertes Erleben dieses Augenblicks jetzt … und jetzt … und jetzt … ?
- Wie offen (oder geschlossen) sind die Tore Ihrer Wahrnehmung?

Die Unmittelbarkeit dieses Augenblicks beobachten und benennen

Ich kann mich selbst in der Unmittelbarkeit meiner Wahrnehmung beobachten (und tue dies meist unablässig). Ich kann mir selbst gegenüber innerlich

Abstand nehmen, und bemerken was in mir passiert. Vieles davon geht zu schnell, um es innerlich zu bemerken oder festzuhalten, und manches passiert auch unbewusst oder unterhalb meiner Wahrnehmungsschwelle. Doch manches bekomme ich mit und kann es innerlich benennen. „Ein Druck im rechten Bein" – „ein Gedanke an Essen" – ein Gefühl von Ungeduld" – eine Erinnerung an die Nachrichten" – „eine Melodie" ...

Ich stehe beobachtend am Ufer des Stroms meiner Wahrnehmung und erlebe und benenne innerlich, was geschieht. Meine Wahrnehmung verschiedener Außengeräusche, ein Gefühl von Sättigung, ein Gedanke an ein gestriges Telefongespräch, ein damit verbundenes Gefühl von Irritation …

Inne-Halten

Was ist Ihre beobachtete Unmittelbarkeit dieses Augenblicks JETZT ... und jetzt ... und jetzt ...?
Welche Worte und Begriffe haben Sie für das, was in Ihnen geschieht?

Über die Unmittelbarkeit dieses Augenblicks reflektieren

Über Worte und Sprache geschieht Kommunikation und Kommunion, nicht nur über Worte, aber auch. Sprache und Worte helfen uns dabei, Kontakt mit uns aufzunehmen. In den folgenden Abschnitten laden wir Sie ein, über Worte in Kontakt mit dem eigenen Erleben zu kommen. Dabei unterscheiden wir zwischen somatischem, emotionalem und gedanklichem Erleben. Wenn im Übungsverlauf diese

Unterscheidung keinen Sinn für Sie macht, dann können Sie die Übung mit allen drei Erlebenskategorien gleichzeitig machen.

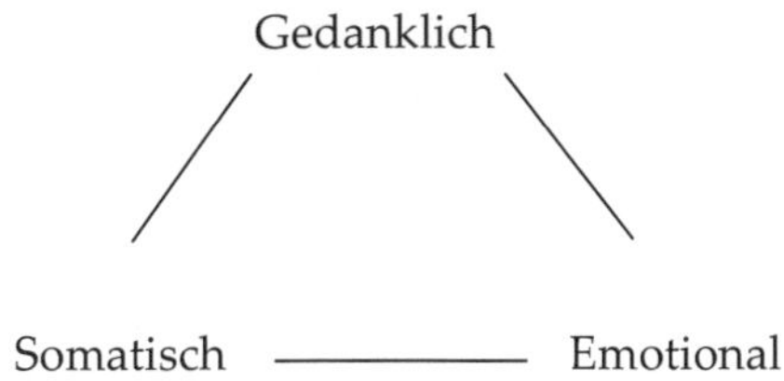

Somatisch (Er)leben

... wird beschrieben mit Worten wie in diesem Assoziationsfeld aufgeführt:

ATEMBEWEGUNG, BERÜHRUNG, BRENNEN, DRUCK, HUNGER, JUCKEN, KÄLTE, KÜHLE, KITZELN, LEICHTIGKEIT (KÖRPERLICH), LUST, SCHMECKEN (SÜß, SAUER, BITTER ...), SCHMERZ, SCHWERE (KÖRPERLICH), SPANNUNG (KÖRPERLICH), TINNITUS (OHRGERÄUSCHE), ÜBELKEIT, UNWOHLSEIN, VÖLLEGEFÜHL, WÄRME, WOHLSEIN ...

Inne-Halten

- Wie gut ist Ihr Kontakt zu Ihrem Körper (wie offen ist dieses Tor Ihrer Wahrnehmung)?
- Nehmen Sie Ihren Körper als getrennt von Ihrem Geist wahr? Ist Ihr Körper "in" Ihrem Gewahrsein oder außerhalb?
- Mit welchen Begriffen beschreiben Sie für Sie typische körperliche Wahrnehmungen?
- Was ist charakteristisch für Ihr körperliches Erleben?
- Wie fühlen Sie sich in Ihrer Haut allgemein?
- Wie fühlen Sie sich jetzt in Ihrer Haut?
- Gibt es für Sie ein somatisches Erleben, das nicht körperlicher, sondern eher energetischer Art ist, und wenn ja, wie fühlt es sich für Sie an?

Erlauben Sie sich jetzt eine kurze Pause zur Reflexion Ihres somatischen Erlebens in der Unmittelbarkeit dieses Augenblicks (gedanklich, somatisch und emotional) bevor Sie weiterlesen und zur nächsten Übung gehen.

Inne-Halten

Wählen Sie einen der genannten Begriffe (z. B. Tinnitus), oder nehmen Sie einen Begriff aus Ihrem persönlichen somatischen Erleben, und spüren Sie diesem Begriff in Ihrer eigenen somatischen Wahrnehmung nach.

- Erleben Sie dies nur jetzt, oder öfter? (Falls öfter, können Sie sagen, wann dieses Erleben zum ersten Mal aufgetreten ist?)
- Welche Assoziationen verbinden Sie damit?
- Welche Erfahrungen haben Sie damit?

Nehmen Sie sich bitte die Zeit, zu einem von Ihnen gewählten Begriff einen biografischen Bericht zu schreiben, über die Bedeutung dieses Begriffes und die damit verbundenen Erfahrungen in Ihrem Leben (z. B. „Ich und mein Tinnitus")

Wählen Sie einen der genannten Begriffe und erkunden Sie diesen Begriff und Ihre dazugehörige somatische Erfahrung tiefer gehend. Dabei können Fragestellungen wie folgt helfen (wenn ihnen die Fragen unlogisch erscheinen, spüren Sie ihnen nicht-logisch nach):

- welche Form/Gestalt hat mein Tinnitus jetzt?
- wenn ich ihm eine Farbe zuordnen sollte, welche wäre das?
- Wo ist der Tinnitus in mir körperlich lokalisiert?
- Welche Intensität hat der Tinnitus?
- Welche Beschaffenheit und Größe hat der Tinnitus?
- Wie verändert sich gerade der Tinnitus in mir?
- Welche Dynamik hat der Tinnitus in mir (stetig, pulsierend, auf- und abschwellend ...)?

„Ein Körper" (aus einer Es-Perspektive betrachtet)

Wie würden Sie Ihren Körper jetzt in Er-Sie-Es-Das Begriffen beschreiben?

Was gefällt Ihnen an Ihrem Körper? Was lehnen Sie eher ab?

Wenn Sie jetzt eine Skizze von Ihrem Körper malen und anschließend einen Rahmen um Ihren Körper zeichnen würden, mit dem, was ganz zu Ihnen gehört. Wo würden Sie die Grenze für Ihren Körper ziehen?

„Mein Körper" (aus einer Du-Perspektive betrachtet)

Wie geht es Ihnen mit Ihrem Körper? Können sie seine „Sprache" verstehen und mit ihm in einem Dialog sein? Führen Sie jetzt bitte einen Dialog mit Ihrem Körper zu einem aktuellen Thema das Ihren Körper betrifft. Wie würden Sie die Beziehung zu Ihrem Körper beschreiben?

„Körpersein" (aus einer Ich-Perspektive)

Wie weit gelingt es Ihnen sich in Ihren Körper hineinzuspüren und sich ganz mit ihm zu identifizieren? Inwieweit können Sie in diesem Spürbewusstsein sagen „Ja, das bin ich (auch)"?

Bitte achten Sie dabei ganz bewusst auf Ihre Atmung. Atmen Sie intensiv ein und lassen Sie beim Ausatmen den Atem durch Ihren Körper strömen. Spüren Sie mit zunehmender Konzentration dabei von Atemzug zu Atemzug ein Stück tiefer in Ihren Körper hinein.

Wo spüren Sie Grenzen in Ihrem Körper, und wo empfinden Sie Grenzenlosigkeit und Verbundenheit mit dem Außen?

Emotional (Er)Leben

... wird beschrieben mit Worten wie im folgenden Assoziationsfeld

ABNEIGUNG, ABLEHNEND, ABSCHEU, AGGRESSION, ANGST, ÄRGER, AUFREGUNG, AUSGELIEFERT SEIN, BEDRÜCKUNG, BEGEISTERUNG, BEWUNDERUNG, BOSHAFTIGKEIT, DANKBARKEIT, DEPRIMIERTHEIT, EIFERSUCHT, EINSAMKEIT, ELEND, EKEL, EMPÖRUNG, ENTRÜSTUNG, ENTSETZEN, ENTTÄUSCHUNG, ERLEICHTERUNG, ERSTAUNEN, FASSUNGSLOSIGKEIT, FEINDSCHAFT, FREUDE, FURCHT, GEBORGENHEIT, GEKRÄNKTHEIT, GELASSENHEIT, GIER, GLÜCK, GROLL, HASS, HEITERKEIT, HILFLOSIGKEIT, HOFFNUNG, INTERESSE, LANGEWEILE, LEICHTIGKEIT, LEID, LIEBE, LUST, MISSGUNST, MISSTRAUEN, MITGEFÜHL, NEID, NERVOSITÄT, NEUGIERDE, PANIK, RATLOSIGKEIT, REUE, SCHADENFREUDE, SCHAM, SCHMERZ, SCHULD, SORGE, STÄRKE, STILLE, STRESS, STOLZ, SYMPATHIE, TRAUER, UNBESCHWERTHEIT, UNGEDULD, UNRUHE, UNSICHERHEIT, UNVERSÖHNLICHKEIT, VERBITTERUNG, VERBLÜFFUNG, VERLEGENHEIT, VERLETZTHEIT, VERTRAUEN, VERWIRRUNG, WUT, ZORN, ZUNEIGUNG, ZUVERSICHT

Inne-Halten

- Wie gut ist Ihr Kontakt zu Ihren Emotionen (wie offen ist dieses Tor Ihrer Wahrnehmung)?
- Mit welchen Begriffen beschreiben Sie typischerweise Ihr emotionales Erleben?
- Was ist charakteristisch für Ihr emotionales Erleben?
- Wie fühlen Sie sich mit Ihren Emotionen allgemein?
- Wie fühlen Sie sich jetzt emotional?

Erlauben Sie sich jetzt wieder eine kurze Pause zur Reflexion Ihres emotionalen Erlebens in der Unmittelbarkeit dieses Augenblicks (gedanklich, somatisch und emotional) bevor Sie weiterlesen und zur nächsten Übung gehen.

Inne-Halten (Stufen emotionaler Entwicklung)

Bitte lesen Sie folgende Beispiele zu Stufen einer emotionalen Bewusstseinsentwicklung durch. Auf welcher Stufe würden Sie sich selbst einordnen?

Stufe 1: Mein eigenes Innenleben ist mir weitgehend unbekannt, und andere Menschen oder äußere Umstände betrachte ich als die Ursache eigener Gefühle.

Stufe 2: Ich bin mir der wichtigsten Muster meines Innenlebens bewusst und ich habe gelernt, meine Gefühle zu kontrollieren und mich entsprechend den sozialen Regeln angemessen zu verhalten. Unpassende Kommentare, unkontrollierte emotionale Ausbrüche und das Ausagieren negativer Impulse kann ich weitgehend vermeiden.

Stufe 3: Ich bin mir meiner eigenen „Knöpfe", die bestimmte Reaktionen hervorrufen, und den damit verbundenen Dynamiken bewusst. Ich kann Rückmeldungen akzeptieren und konstruktive Kritik als willkommene Gelegenheit für Veränderungen annehmen. Kränkungen und Beleidigungen kann ich angemessen begegnen.

Stufe 4: Ich bin mir meines Innenlebens in einem hohen Maße bewusst. Ich kann selbst inmitten von Stress und Konflikten emotional ruhig und positiv bleiben. Ich fühle mich meist sehr motiviert und initiativ. Emotionale Rückmeldungen kann ich als Referenzpunkte für meine persönliche Weiterentwicklung betrachten.

Stufe 5: Ich bin mir der Dynamiken meines Innenlebens und meiner eigenen Stärken und Grenzen in einem hohen Maße bewusst und kann auch Einfluss nehmen. Ich kann meistens die schwierigen Emotionen anderer (aus) halten, ohne reflexartig zu reagieren oder den Gleichmut zu verlieren. Meine Kommunikation gestalte ich als ein lebendiges Geben und Nehmen ohne Arroganz und Abwehrhaltung. Ich verstehe mich als „Container", in dem auch die emotionale Entwicklung anderer Menschen stattfinden kann. Ich kann mich leidenschaftlich in meiner beruflichen Tätigkeit oder in einer Aufgabe engagieren, ohne mich darin zu verlieren.

Wie würden Sie Ihre Stufe in eigenen Worten beschreiben?

Inne-Halten

Wählen Sie einen der genannten Begriffe aus dem vorhergehenden Assoziationsfeld (z. B. Ärger), oder nehmen Sie einen anderen Begriff aus Ihrem persönlichen emotionalen Erleben und spüren Sie diesem Begriff in Ihrer eigenen Wahrnehmung nach.

- Was erleben Sie dabei?
- Welche Assoziationen erfahren Sie?
- Welche Erfahrungen haben Sie damit?

Nehmen Sie sich bitte die Zeit, zu einem von Ihnen gewählten Begriff einen biografischen Bericht zu schreiben, über die Bedeutung dieses Begriffs und die damit verbundenen Erfahrungen in Ihrem Leben (z.B. „Ich und mein Ärger")

Wählen Sie einen der genannten Begriffe, und erkunden Sie diesen Begriff und Ihre dazugehörige emotionale Erfahrung tiefer gehend. Dabei können Fragestellungen wie folgt helfen:

- welche Form/Gestalt hat mein Ärger jetzt?
- wenn ich ihm eine Farbe zuordnen sollte, welche wäre das?
- Wo ist Ärger in mir körperlich lokalisiert?
- Welche Intensität hat Ärger in mir?
- Welche Beschaffenheit und Größe hat Ärger in mir?
- Wie verändert sich gerade Ärger in mir?
- Welche Dynamik hat Ärger in mir (stetig, pulsierend, auf- und abschwellend ...)?

Reflektieren Sie jetzt noch eine Alltagssituation.

- In welchem Rahmen (Alltag, Urlaub, schwierige Situationen wie Krankheit, Konflikte, ...) und mit welchen Menschen haben Sie das Gefühl auf einer höheren Stufe bzw. tieferen Stufe zu sein?

- Welche Menschen sind für Ihre emotionale Entwicklung förderlich bzw. unterstützen Sie dabei?

Gedanklich (Er)Leben

... wird beschrieben mit Worten wie in diesem Assoziationsfeld

ABGELENKT, ANGEREGT, ASSOZIATIV, BESESSEN, DURCHEINANDER, FIXIERT, FOKUSSIERT, FREI, GETRIEBEN, INSPIRIERT, IRRATIONAL, KLAR, KONFUS, KREATIV, LOGISCH, RATIONAL, WIRR, ZWANGHAFT

Inne-Halten

- Wie gut ist Ihr Kontakt zu Ihren Gedanken (wie offen ist dieses Tor Ihrer Wahrnehmung)?
- Mit welchen Begriffen beschreiben Sie typischerweise Ihr gedankliches Erleben?
- Was ist charakteristisch für Ihr gedankliches Erleben?
- Wie fühlen Sie sich mit Ihren Gedanken allgemein (wie geht es Ihnen damit, ein – auch – denkender Mensch zu sein)?
- Wie fühlen Sie sich jetzt – gedanklich?

Erlauben Sie sich jetzt wieder eine kurze Pause zur Reflexion Ihres gedanklichen Erlebens in der Unmittelbarkeit dieses Augenblicks (gedanklich, somatisch und emotional) bevor Sie weiterlesen und zur nächsten Übung gehen.

Inne-Halten

Wählen Sie einen der genannten Begriffe (z. B. ‚inspiriert'), oder nehmen Sie einen anderen Begriff aus Ihrem gedanklichen Erleben, und spüren Sie diesem Begriff in Ihrer eigenen Wahrnehmung nach.

- Was erleben Sie dabei?
- Welche Assoziationen erfahren Sie?
- Welche Erfahrungen haben Sie damit?

Nehmen Sie sich bitte die Zeit, zu einem von Ihnen gewählten Begriff einen biografischen Bericht zu schreiben, über die Bedeutung dieses Begriffs und die damit verbundenen Erfahrungen in Ihrem Leben („Ich und meine Inspirationen")

Wählen Sie einen der genannten Begriffe, und erkunden Sie diesen Begriff und Ihre dazugehörige gedankliche Erfahrung tiefergehend. Dabei können Fragestellungen wie folgt helfen:

- welche Form/Gestalt haben meine Inspirationen jetzt?
- wenn ich ihnen eine Farbe zuordnen sollte, welche wäre das?
- Wo sind Inspirationen in mir körperlich lokalisiert?
- Welche Intensität haben meine Inspirationen?
- Welche Beschaffenheit und Größe haben meine Inspirationen?
- Wie verändert sich gerade Inspiriertheit in mir?
- Welche Dynamik hat Inspiriertheit in mir (stetig, pulsierend, auf- und abschwellend, plötzlich auftretend, andauernd ...)?

Erleben, Erkennen, Benennen, Loslassen

Bitte bewegen Sie die folgenden sechs Grundfragen zu Ihrer innerpsychischen Kompetenz in sich:

Wie gut gelingt es mir, zu erleben/fühlen was in mir vor sich geht?

Wie gut gelingt es mir, zu erkennen was in mir vor sich geht?

Wie gut gelingt es mir, zu benennen was in mir vor sich geht?

Wie gut gelingt es mir, zu verstehen was in mir vor sich geht?

Wie gut gelingt es mir, das was in mir vor sich geht zu gestalten und auszudrücken?

Wie gut gelingt es mir, loszulassen was in mir vor sich geht?

Inne-Halten

Bitte beantworten Sie die Fragen mit Hilfe einer einfachen Skala 0-10 (0 steht für „gar nicht" bis 10 für „sehr gut") spontan und wiederholen Sie diese Übung in unterschiedlichen Situationen.

Meta-Brille

Welche Bewertung auch immer Sie sich jetzt gegeben haben, spüren Sie hinein und beobachten Sie, wie es Ihnen mit Feedback und Ihren Bewertungen geht.

Wer in Ihnen hat jetzt bewertet und wer wundert sich jetzt über das Ergebnis?
Wer in Ihnen kann es zulassen, Ihre innerpsychische Kompetenz in verschiedenen Situationen zu beobachten und auch kritisches Feedback anzunehmen?

Die zum Ausdruck gebrachte Unmittelbarkeit dieses Augenblicks

Ausdruck macht uns und anderen die Lebendigkeit und Dynamik unseres Innenlebens bewusst. Über unseren Ausdruck bringen wir uns in die Welt ein, individuell und gemeinschaftlich, einzigartig und unverwechselbar.

In diesem Abschnitt laden wir Sie ein, ganz Ihren inneren Impulsen nach kreativem Ausdruck nachzuspüren und diese in den nachfolgenden Übungen zu reflektieren.

Inne-Halten

Stellen Sie sich eine Situation vor, in der ein Impuls in Ihnen aufsteigt, eine Idee, eine Emotion, oder auch ein Handlungsimpuls. Wenn Ihnen ein konkretes Erlebnis in den Sinn kommt, dann spüren Sie bitte in dieses Erlebnis hinein. Ansonsten stellen Sie es sich bitte einfach vor (gibt es gerade jetzt einen Impuls in Ihnen?)

Wie bringen Sie das, was in Ihnen ist, im Allgemeinen zum Ausdruck?

- Ich weiß es nicht
- Eher gar nicht
- Durch reden
- Durch schreiben
- Durch Bewegung
- Durch Malen, Musik oder andere Kunst
- Durch …

Reflektieren Sie bitte über Ihre Art, sich auszudrücken.

Assoziationsfeld Ausdruck

BEWEGUNG, DESIGN, KOMMUNIZIEREN (IN UNTERSCHIEDLICHEN FORMEN), HUMOR, KLEIDUNG, PANTOMIME, POESIE, MALEN, MODELLIEREN, MUSIZIEREN, SINGEN, SCHAUSPIELEN, SPRECHEN, SCHREIBEN, TANZEN, TÖNEN, TÖPFERN, VORTRAGEN...

Erlauben Sie sich dasjenige, was jetzt in diesem Augenblick in Ihnen ist, auf eine Weise Ihrer Wahl zum Ausdruck zu bringen. Lassen Sie dabei Ihrer inneren Lebendigkeit freien Lauf.

Inne-Halten

Rufen Sie sich bitte eine Situation in Erinnerung, in der Sie einen anderen Menschen in seinem sich-zum-Ausdruck-bringen beobachtet haben (einen Politiker, der spricht, eine Sportlerin die Sport macht, einen Künstler ...)

- Wie geht es Ihnen dabei, wenn andere sich zum Ausdruck bringen?

Liebe-Praxis

Liebe ist eine der zentralsten Emotionen. Sie wird beschrieben als

– eine Eigenschaft der Absolutheit,

– als die zentrale Kraft der Evolution (Eros/Agape)

– als das alles Leben spendende und verbindende Grundelement des Daseins

Die folgenden Übungen sind eine Einladung dazu, mit Aspekten der LIEBE (absolut) und Liebe (relativ) in Berührung zu kommen.

Inne-Halten

- Welche Assoziationen verbinden Sie mit dem Wort „Liebe"?
- Wie fühlen sich die Sätze an: „Ich bin ein liebender Mensch. Ich liebe und werde geliebt"?

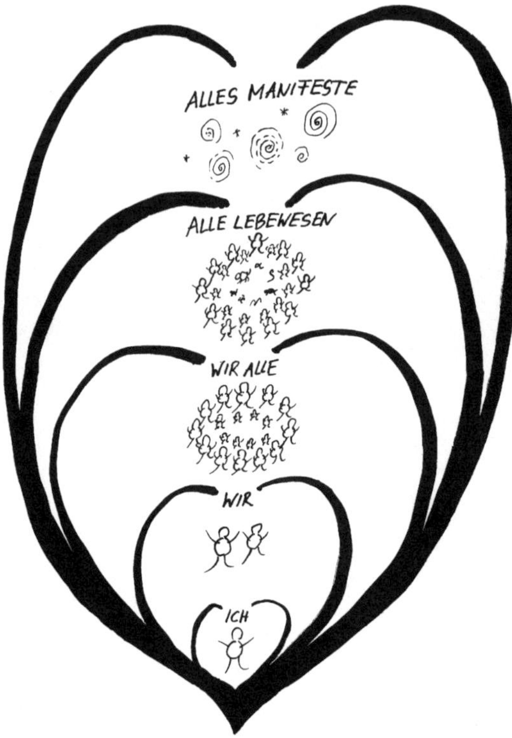

Körperübung zu liebender Verbundenheit

Fühlen Sie bitte in den Bereich Ihres Herzens hinein, als einem möglichen Ausgangspunkt von Liebe, und stellen Sie sich einen Menschen, eine Idee, einen Gegenstand oder eine Landschaft vor, bei der Ihnen das Herz aufgeht. Fühlen Sie wie Liebe, Freude und Glück Sie bei diesem inneren Anblick durchströmen. Erleben Sie diesen Augenblick voller Liebe so intensiv wie möglich, und lassen Sie dann dieses Gefühl von Liebe sich immer mehr ausbreiten, auch zu Menschen und Dingen und Vorstellungen, die Ihnen weniger am Herzen liegen. Erlauben Sie der Bewegung der Liebe sich immer mehr auszubreiten, in Ihnen, zu Ihren Mitmenschen und in die Welt.

Ich sehe Dich

Ich bin mir gewahr wie ich Dich ansehe in diesem Augenblick

Ich höre Dich

Ich bin mir gewahr wie ich Deine Stimme höre in diesem Augenblick

Ich spüre Dich

Ich bin mir gewahr wie ich Dich fühle in diesem Augenblick (und was ich dabei fühle)

Ich liebe Dich

Ich bin mir gewahr wie ich von Liebe zu Dir durchströmt bin in diesem Augenblick (oder ich bin mir eines Mangels an Liebe gewahr)

Inne-Halten

Wann haben Sie das letzte Mal wirklich geliebt? Was ist danach mit diesem Gefühl passiert? Wo ist es geblieben, wie hat es sich verändert, was hat seinen Platz eingenommen?

Inne-Halten

Stellen Sie sich eine Situation vor, die Ihnen Angst macht, Sie ärgerlich macht, oder andere starke Emotionen hervorruft, die „das Herz zusammenziehen lassen".

- Spüren Sie diese Zusammengezogenheit Ihres Herzens, und alles, was damit zusammenhängt?
- Spüren Sie die Lieblosigkeit in Ihnen, und nehmen Sie sich selbst dabei wahr.
- Können Sie sich vorstellen oder sogar erleben, dass dasjenige, was all dies spürt, frei davon ist?
- Können Sie sich vorstellen, dass das, was die Lieblosigkeit spürt, voller LIEBE ist, auch in den dunkelsten Stunden Ihres Lebens?
- Können Sie dies auch jetzt erleben?

Inne-Halten

- Machen Sie eine innere Reise auf Ihrem Lebensweg und seinen Stationen, und rufen Sie sich nacheinander Menschen in Erinnerung, die Sie auf diesem Weg begleitet haben. Die Menschen Ihrer Ursprungsfamilie, frühe Freunde, Lehrer, frühe Partnerinnen und Partner, Arbeitskollegen ... Rufen Sie sich diese Menschen nacheinander in Erinnerung, und nehmen Sie sich die Zeit, die Sie dafür brauchen. Schauen Sie sich diese Menschen vor Ihrem inneren Auge an, und betrachten Sie sie mit dem Herzen. Wie geht es Ihnen mit diesen Menschen? Fühlen Sie das Leichte, aber auch das Schwierige in diesen Beziehungen, und machen Sie sich dabei bewusst, wo es Widerstand, Ablehnung, Abwehr und Unversöhnlichkeit gibt. Mit welchen Menschen und Ereignissen Ihres Lebensweges sind Sie noch nicht im Reinen?
- Machen Sie diese Übung nun mit den Menschen (und Ereignissen) Ihres gegenwärtigen Lebens ...

Inne-Halten

- Von welchen Menschen und Gegebenheiten haben Sie sich abgewendet?
- Wo ist der Schmerz so groß, dass Sie Ihr Herz verschlossen haben?
- Bei welchen Menschen und Wesen würde Ihr Leiden Sie kalt und unberührt lassen, oder sogar Genugtuung hervorrufen?

Körper- und Atemübung zu Leid

(inspiriert von der tibetischen Tonglen Praxis)

Rufen Sie sich einen Aspekt des Leidens vor Ihr inneres Auge und Herz, und fühlen Sie diesen Aspekt ... (Es kann sich dabei um etwas handeln was Sie selbst betrifft, körperlich, emotional, geistig oder seelisch; es kann sich um einen Menschen Ihrer näheren Umgebung handeln (z. B. einen Freund der krank ist); es kann aber auch ein Aspekt des Weltgeschehens sein, wie Krieg oder Hunger). Stellen Sie sich diesen Aspekt so konkret wie möglich vor, und fühlen Sie ihn körperlich. Atmen Sie nun diesen Aspekt so weit und tief, wie Sie das möchten, in sich hinein, und verbinden Sie sich so mit den Menschen und Wesen, die ihn erleiden. Spüren Sie den damit verbundenen Schmerz und das Leid. Dabei können Sie zu sich sagen: „Einatmend nehme ich dieses Leid in mich auf." Atmen Sie dann wieder aus, und verströmen mit dem Ausatmen Befreiung, Frieden und Verständigung gegenüber denjenigen, die leiden. (Das können auch Sie selbst sein, s.o.). Dabei können Sie sich sagen: „Mit dem Ausatmen geschehen Entspannung und Befreiung." Sie atmen weiter so intensiv Sie möchten den Schmerz und das Leid ein, und atmen dann wieder aus, in einem Geist des Loslassens und Nicht-ergreifen-wollens ...

JEDE HÖHERE
ENTWICKLUNGS-
STUFE BEDEUTET
EINE ZUNAHME
AN LIEBE.
DAS HERZ WIRD
GRÖßER UND
IMMER GRÖßER

KEN WILBER

Bewusstsein beeinflussen

Ein leichter Frust macht sich bemerkbar. Das fühlt sich nicht gut an. Ein Griff in den Küchenschrank, ein Stück Schokolade in den Mund gesteckt (nicht mehr, ich weiß um den kompensatorischen Charakter dieser automatischen Handlung), und schon fühle ich mich belohnt und mir geht es besser.

Unsere individuelle Wahrnehmung, so wie wir sie erleben, schwebt nicht losgelöst von allem irgendwo, sondern ist psychologisch, physiologisch-biologisch, kulturell und sozial begründet. Alles, was wir tun oder unterlassen, ja alles was geschieht, beeinflusst unsere Wahrnehmung. Wir können darauf aktiv Einfluss nehmen, und tun das unablässig. Dabei können wir vier große Bereiche unterscheiden (der Grund für diese Unterscheidung wird im Anhang erläutert.) Manches geschieht bewusst, vieles unbewusst (als Sucht). Meistens wollen wir uns gut fühlen und Ungutes vermeiden.

Inne-Halten

- Bei und mit welchen inneren Bewusstseins- und Erlebenszuständen fühlen Sie sich gut und wohl?
- Welche inneren Bewusstseins- und Erlebenszustände führen Sie aktiv mit welchen Mitteln herbei?
- Bei und mit welchen inneren Bewusstseins- und Erlebenszuständen fühlen Sie sich nicht gut und wohl?
- Was tun Sie, wenn diese Bewusstseins- und Erlebenszustände eintreten, um sie zu vermeiden?
- Haben sie suchtähnliche Vermeidungsstrategien? Wonach sind Sie süchtig?

INDIVIDUELL

INNERLICH

Innerpsychisch	**Exogen (von außen zugeführt)**
- Psychische "Nahrung" (Hören, Lesen ...) - innere Reflexion - Bewußtseinstechniken (Meditation, Schattenarbeit ...)	Physiologische Beeinflussung jeder Art Drogen im weitesten Sinn (Vitamine, Spurenelemente, Hormone, Enzyme, Alkohol, Nikotin ...) - akustische, visuelle, körperliche Reize - Medikamente - Sport/Bewegung - Essen, Düfte ...
Beziehung und Kultur	**Soziale Umstände /Systeme**
- Zwischenmenschliche Begegnungen - Beziehungen - Kommunikation - Partnersexualität - Ethik	- Lebensumstände - Finanzsituation - gesellschaftliche Umstände (Politik, Wirtschaft, Natur) - Wohnsituation - Klima / Jahreszeit

ÄUßERLICH

KOLLEKTIV

Grafik: Beeinflussungsmöglichkeiten und –faktoren des eigenen Bewusstseins (vier Bereiche)

Dies führt uns zu den Möglichkeiten und Wegen einer aktiven Gestaltung unseres Bewusstseins und dessen Inhalten.

Bewusstsein gestalten (damit umgehen)

Inne-Halten

- Was tun Sie, um ein besseres und angenehmeres Körpererleben zu bekommen?
- Was tun Sie, um sich besser und angenehmer zu fühlen?
- Was tun Sie, um auf andere (bessere und angenehmere) Gedanken zu kommen?

Irgendwann vor sehr langer Zeit muss es geschehen sein, dass ein Mensch (oder einer seiner entwicklungsgeschichtlichen Vorfahren) sich zum ersten Mal seiner eigenen Innerlichkeit bewusst geworden ist. *Vor* diesem Augenblick hatten Menschen wie alle Wesen Bewusstheit, *danach* hatten sie Bewusstheit *und* sie waren sich dessen bewusst. Damit einher gehen völlig neue Freiheiten und auch neue Verantwortlichkeiten. Wir haben die Freiheit, unsere eigene Wahrnehmung und unser Bewusstsein (mit) zu gestalten, und wir können uns gleichzeitig nicht mehr darauf berufen, davon nichts gewusst zu haben – und das bedeutet Verantwortung für uns selbst und unser geistiges Innenleben. Wir sind aus dem Paradies der Unbewusstheit für immer vertrieben. Diese Freiheit ist, wie oben ausgeführt, auf eine Weise grenzenlos, und auf viele andere Weisen begrenzt, durch unsere psychologischen, biologischen, kulturellen und sozialen Bedingtheiten. Ein Teil unserer Freiheit besteht darin, uns dieser Bedingtheiten immer bewusster zu werden, und uns so von ihnen zu befreien. Manches davon geschieht bewusst, vieles unbewusst (z. B. durch Verdrängung)

Das folgende Assoziationsfeld gibt Beispiele dafür, was wir mit unseren Bewusstseinsinhalten alles machen (können).

ABSCHWÄCHEN, AUSAGIEREN, AUSDRÜCKEN, BEZEUGEN (INNERLICH ANSCHAUEN), FIXIEREN (DARAN FESTHALTEN), FLIEẞEN LASSEN, GESTALTEN, (AUS)HALTEN, INTERPRETIEREN (IM HINBLICK AUF IHRE BEDEUTUNG), LEUGNEN, LOSLASSEN, MASKIEREN, ÜBERTRAGEN, ÜBERTREIBEN, UNTERSUCHEN, VERDRÄNGEN-SYMPTOMATISIEREN-PROJIZIEREN, VERSCHIEBEN, VERSTÄRKEN, ZUM AUSDRUCK BRINGEN

Inne-Halten

Rufen Sie sich bitte eine Situation in die Erinnerung, die Ihnen unangenehm war. Versuchen Sie sich bitte daran zu erinnern, wie Sie mit diesem Erleben umgegangen sind

- Welcher Mechanismen zur Veränderung Ihrer Bewusstseinsinhalte sind Sie sich bewusst, und wie würden Sie diese benennen?

Hier ein Assoziationsfeld mit einigen Möglichkeiten und Techniken zur Gestaltung des eigenen Ich-Raumes.

ACHTSAMKEIT, AFFIRMATION, ASSOZIIEREN, AUSDRÜCKEN (VERBAL, EMOTIONAL, KÖRPERLICH, KREATIV), AUFSTELLEN, BETEN, ENT-IDENTIFIZIERUNG, ENTLEEREN, ERINNERN, KONZENTRATION, KONTEMPLATION, MEDITATION, NACHDENKEN, TRANCE, VERKÖRPERN, VISUALISIEREN, PARADOXIE PRAXIS, WORTE TÖNEN (MANTRA)

Achtsamkeit: Ich achte auf das was in mir, zwischen mir und anderen Wesen, und in der äußeren Welt vor sich geht.

Affirmation: Ich sage zu mir innerlich z. B.: „ich bin ein wertvoller Mensch". Dabei achte ich auf meine inneren Reaktionen darauf, öffne meinen Wahrnehmungsraum, und bin offen für alles was sich zeigt.

Assoziieren: Ich stelle mir einen Begriff wie „Liebe" vor, und assoziiere innerlich frei dazu.

Ausdrücken: Ich verleihe meiner Wut Ausdruck indem ich mit der Faust auf den Tisch schlage.

Aufstellen: Mit dafür geeigneten Spielsteinen stelle ich eine berufliche Situation auf. Dabei stehen die Spielsteine stellvertretend für die an der Situation Beteiligten, einschließlich meiner selbst. Ich stelle die Personen (Spielsteine) entsprechend meinem inneren Erleben auf. Danach reflektiere ich über diese Aufstellung und probiere Umstellungen aus.

Beten: Ich bitte um die Gnade des Erwachens zu meiner Wesensnatur. Ich bitte um Frieden und Freiheit für alle Menschen und Wesen. Ich bitte um gute Lebensbedingungen und Lebensumstände für alle Menschen und Wesen und die Natur als Ganzes.

Ent-Identifizierung: Ich erlebe meinen Körper, also kann ich nicht mein Körper sein. Ich erlebe meine Gedanken, also kann ich nicht meine Gedanken sein. Ich erlebe meine Gefühle, also kann ich nicht meine Gefühle sein. Wer bin ich?

Entleeren: Ich gehe in einen großen, ruhigen Raum und lausche in die Stille bis meine Aufmerksamkeit ganz in der Leerheit des Augenblicks ist.

Erinnern: Ich gehe durch die Stadt meiner Kindheit und öffne mich für Eindrücke von früher.

Konzentration: Ich sitze. Ich entziehe meiner Wahrnehmung alle Phänomene, außen oder innen, außer einem Wahrnehmungsphänomen – meinem Atem. Ich widme meine ganze Aufmerksamkeit meinem Atem, ohne Anstrengung, aber konzentriert. Alles was jetzt geschieht, ist mein Atem. Das Ein- und Ausströmen, das Heben und Senken der Bauchdecke, das Geräusch des Luftstromes.

Kontemplation: Ich sitze, bete, töne innerlich ein Wort, meditiere, erwache aus meinem Wahrnehmungsstrom und schaue in die nackte Unendlichkeit des Seins.

Meditation: Auf dem Sitzkissen, in der Mitte des Raumes sitze ich. Der Körper ist zur Ruhe gekommen, und die Gedanken gehen ihre eigenen Wege. Ich sitze und öffne mich für diesen Augenblick, und diesen Augenblick, und diesen Augenblick – immer wieder.

Nachdenken: Wie ist es möglich, dass „rational-vernünftige" Politik das Gemeinwesen in den Ruin treibt?

Trance: Die Musik ist laut und rhythmisch. Ich tanze. Es tanzt mich. Ich verliere mich in der Bewegung.

Verkörpern: Beim Wandern, Laufen und Schwimmen in der Natur erfahre ich eine Frische und Freiheit wie sonst nirgendwo. Wie wunderbar, einen Körper zu haben.

Visualisieren: Ich stelle mir den Erdglobus vor, eine blaue Perle vor einem samtschwarzen Hintergrund. Ich stelle mir vor was das Leben auf diesem Planeten alles an Gutem schaffen kann.

Paradoxie Praxis (Beispiel für ein Zen Koan): Wie klingt das Klatschen von nur einer Hand? Immer wieder stelle ich mir diese Frage. Der Verstand arbeitet und arbeitet und arbeitet daran. Und schließlich gibt er auf, und ich erfahre eine Wirklichkeit jenseits des Denkens.

Worte tönen (Mantra): Ich bin … Ich bin … Ich bin … Jetzt … Jetzt … Jetzt …

Meta-Brille

- Welche Praktiken zur Veränderung Ihrer Bewusstseinsinhalte verwenden Sie bewusst?
- Welche dieser Mechanismen haben sich in welchen Alltagssituationen bewährt?
- Wie geht es Ihnen in diesem Augenblick mit der Art und Weise wie Sie Ihre Praxis des Innen-Lebens gestalten und mit Ihrer Bewusstheit umgehen?

Möglichkeiten des Umgangs könnten sein …

1.) gar nicht, ist mir nicht so wichtig
2.) ich denke darüber sehr selten nach
3.) ich praktiziere manchmal eine Übung ohne Reflexion hinterher …
4.) ich praktiziere regelmäßig ein Übungsschema ohne Reflexion hinterher …
5.) ich praktiziere je nach Kontext und Situation unterschiedliche Praktiken ohne Reflexion …
6.) ich praktiziere je nach Kontext und Situation unterschiedliche Praktiken und reflektiere und tausche mich mit einem Partner über meine Beobachtungen aus …

Somatische Wahrnehmungsübung
(inspiriert von der *Raum-Meditation* von Siegfried Essen)

Ich spüre in diesem Moment voller Achtsamkeit in mich hinein und werde mir des Raumes in mir bewusst.
Ich erkunde alle Richtungen meines Innenraums.

Ich nehme wahr, wie weit sich mein Innenraum nach oben, nach unten, nach vorne, nach hinten, nach rechts und nach links erstreckt. Dabei achte ich auf Unterschiede in der Wahrnehmung der Raumdimensionen.

Ich achte sowohl auf Grenzen in mir wie auch auf Grenzenlosigkeit.

Ich lasse mein Innen sich durch meine Füße in den Boden ausdehnen und durch meinen Kopf unendlich weit in den Himmel wachsen.

Ich spüre, wo Anspannungen und Schwere in meinem Körper sind, und ich spüre Bereiche von Entspannung und Leichtigkeit.

Wenn ich Schmerz erlebe, atme ich tief in diesen Schmerz hinein und leite Aufmerksamkeit und Mitgefühl an diese Stelle meines Körpers. Ich stelle mir vor, wie sich langsam eine Tür öffnet und der Raum um den Schmerz immer größer wird.

Ich spüre jetzt sehr achtsam immer tiefer in mich hinein und stelle mir vor, wie meine Füße mit Raum erfüllt sind, – meine Hände, meine Beine, mein Rumpf, mein Kopf, mein Nacken, mein Rücken, meine Brust und mein Bauch mit Raum erfüllt sind. Ich spüre jetzt allmählich, wie mein ganzer Körper mit Raum erfüllt ist. Ich nehme auch den Raum zwischen mir und meiner Umgebung wahr. Ich nehme den Raum zwischen meinem Körper und anderen Menschen z.B. im Büro in der Arbeit, im Zug, auf der Straße, beim Einkaufen wahr, die jetzt in meiner Nähe sind und auch den Raum zu den Menschen, die ich in diesem Augenblick nicht sehe, sehr wohl jedoch in meinem Bewusstsein wahrnehmen kann. Ich spüre, wie mein Raum von Atemzug zu Atemzug größer wird und sich Schritt für Schritt mit allem verbindet, was sich meinem Bewusstsein in diesem Augenblick zeigt. Ich nehme wahr, wie sich mein Bewusstsein in diesem größer werdenden Raum ausdehnt und weiter und immer freier wird.

Inne-Halten *(Assoziation)*

Lassen Sie die folgenden Begriffe einzeln in Ihren inneren Wahrnehmungsraum eintreten (gehört, gesprochen, vorgestellt), und assoziieren Sie frei dazu.
Achten Sie dabei bitte auch auf emotionale und körperliche Reaktionen.

Beständigkeit	Freiheit	Glück	Hoffnung	Liebe	Schönheit
Veränderung	Vertrauen	Wahrheit	Wandel	Zuversicht	Treue

Analysieren und interpretieren Sie dabei so wenig wie möglich, sondern erlauben Sie sich eine Öffnung für die Fülle Ihrer assoziativen Kreativität.

Authentizität (Persona und Maske)

Ein Teil dessen, was wir von der Welt wissen, sind unsere Vorstellungen von uns selbst, wer und wie wir sind oder sein könnten oder sein sollten (zuverlässiger Partner, witzig, unterhaltsam, gut drauf, dynamisch, erfolgreich, ein offenes Ohr für alle habend …). Im Idealfall *haben* wir diese Vorstellungen, und wir können sie auch bewusst einsetzen (und als Rollen spielen), und spüren und erleben uns gleichzeitig so, wie wir gerade sind. Dies ist nichts Schlechtes, im Gegenteil, oft gehen uns unsere Rollen und Funktionen voran, sie haben eine wichtige Aufgabe in unserem Leben, vor allem in unserem sozialen Leben, und stellen manchmal ein erstrebenswertes, besseres „Ich" dar. Was jedoch oft passiert ist, dass wir uns selbst nicht mehr spüren, sondern nur noch nach unseren Vorstellungen von uns (die wir auch von anderen übernommen haben können) denken, fühlen und leben.

Inne-Halten

- Welche Rollen spielen Sie in Ihrem Leben?
- Welche Erwartungen haben andere an Sie?
- Welche Erwartungen haben Sie an sich selbst?

Beispiele dazu sind: angepasst sein, attraktiv sein, aus der Rolle fallen, brav sein, egoistisch sein, erfolgreich sein, kreativ sein, nett sein, sich um andere kümmern, rebellisch sein, treu sein, zuverlässig sein ...

Inne-Halten

- Bitte stellen Sie sich eine Rolle/Funktion vor, die Sie in Ihrem Leben einnehmen.
- Beschreiben Sie diese Rolle so genau in Ihren Einzelheiten und Aspekten wie möglich.
- Wie geht es Ihnen damit, diese Rolle in Ihrem Leben zu haben?
- Erinnern Sie sich bitte an eine Situation, in der Sie diese Rolle eingenommen haben. Konnten Sie sich selbst in dieser Rolle spüren, mit dem was gerade in Ihnen vor sich ging?
- *Hatten* Sie diese Rolle, oder *waren* Sie diese Rolle?

Inne-Halten („mein Rollenbild")

Bitte wählen Sie eine Rolle, die Ihnen sehr am Herzen liegt, und nehmen Sie die Rolle ganz bewusst ein, indem Sie aussprechen

„Ich bin ..."

(Ich bin Mutter, Vater, Lehrer, Psychotherapeutin, Rechtsanwalt, Fotografin, Ingenieur, ich bin Apothekerin, reich, arm, Führungskraft, Musikerin, ...)

Achten Sie jetzt bitte

- auf Ihre Gedanken und Gefühle zu Ihren Vorstellungen
- auf die dazugehörende Außenerscheinung zu der gewählten Rolle wie auf Kleidung, Sprache, Mimik und Gestik

Schlüpfen Sie jetzt bitte ganz in diese Rolle, ziehen Sie die passende Kleidung an und übertreiben Sie bewusst in Ihrem „Schauspiel" (es darf dabei auch gelacht werden).

Machen Sie von sich in charakteristischen Posen ein paar Fotos und tauschen Sie sich mit einer Person Ihres Vertrauens darüber aus.

Gehen Sie danach aus dieser Rolle wieder heraus durch eine sehr bewusst gesetzte Körperbewegung (beispielsweise ein bewusster Schritt, sich ausschütteln, Körper drehen, ein bewusstes Ausatmen ...) und ein Ritual der Würdigung und Ordnung (beispielsweise „Danke an den inneren Rollenträger sagen, sich verbeugen, sich bewusst belohnen, Schuhe putzen, Kleidung ordnen, ...).

Schwierige Emotionen

Ich fühle mich nicht gut, bin innerlich völlig verstimmt, ich weiß einfach nicht was los ist …

Ich fühle mich in diesem Augenblick von diesen Zuständen auch irgendwie bedroht und will nichts damit zu tun haben.

Ich bin mir jetzt bewusst dass ich innerlich gegen diese körperlichen Zustände ankämpfe. Da sind Schmerzsymptome im Kopf, im Brustbereich (Solar Plexus), im Nacken und Taubheitsgefühle in den Händen und in den Beinen, und eine unendliche Müdigkeit.

Ich erlaube mir jetzt für Augenblicke und dann für Atemzüge diese bedrohlichen Zustände zu spüren.

All diese Symptome sind jetzt da. Ich will sie jedoch nicht wahrhaben. Ich hatte für diesen Tag ganz andere Pläne und diese Zustände passen mir jetzt einfach nicht in den Kram …

Kennen Sie solche Situationen? Wenn ja, wie gehen Sie damit um?

Ich beruhige mich mit ermutigenden Worten wie „das wird schon wieder …", „das geht vorbei …", …

Inne-Halten

Welche Formen von Abwehr, Mitgefühl und Affirmationen verwenden Sie in schwierigen Situationen? Können Sie dadurch eine Veränderung Ihrer Gefühlslage bewirken, und wenn ja in welche Richtung?

Ich bin mir jetzt meines Atems bewusst. Ich lasse den Atem in meinen Körper strömen, zunächst in die tauben Bereiche meiner Beine, meiner Arme, dann in den Solar Plexus, in den schmerzenden Nacken und in den schmerzenden Kopf. Der Atem erlaubt mir, jetzt ein Stück in diese Zustände hineinzuspüren, bis ich so viel Mut fasse, hineinzutauchen in diesen Strudel von Emotionen und Gefühlszuständen. Ich schwimme bildlich gesprochen in diesen Emotionen und lasse es jetzt einfach zu, wie sich diese Gefühle auf meiner „Körperbühne" ausdrücken.

Die Grenzen lösen sich langsam auf, und jetzt gelingt es mir, zugleich zu spüren und zu beobachten was auf dieser Bühne passiert.

Ich beobachte das Schauspiel und halte diese Situation innerlich für ein paar weitere Atemzüge aus … dann atme ich einmal bewusst ein und konzentriere mich auf den Punkt unter meiner Nasenspitze und atme danach so tief wie möglich aus … Vorhang zu. Die Vorstellung ist vorbei …

Wie gut gelingt es Ihnen, in Emotionen und schwierige Körperzustände ganz hineinzugehen und dann wieder loszulassen?

Eine besondere Herausforderung sind schwierige Emotionen wie (Assoziationsfeld)

ABLEHNUNG, ABSCHEU, ANGST, AGGRESSION, BOSHEIT, EIFERSUCHT, GIER, GROLL, HASS, MISSTRAUEN, NEID, RACHE, TROTZ, UNVERSÖHNLICHKEIT, WUT

Diese können einen erheblichen Raum im Leben einnehmen, und sind manchmal lebensbestimmend.

Inne-Halten

Welche Assoziationen verbinden Sie mit dem Begriff „schwierige Emotionen"?

Wie fühlen sich die genannten (oder andere) Emotionen für Sie an?

Unabhängig davon was Sie mit „schwierigen Emotionen" verbinden, reflektieren Sie darüber, welche Emotionen in Ihrem Leben eine bestimmende Rolle spielen, und warum.

Ausgewählte „schnelle" Körper- und Ausdrucksübungen zur aktiven Unterbrechung der (Ohn)macht und Problemtrance, hervorgerufen von schwierigen Emotionen wie Aggression, Wut oder Angst sind beispielsweise:

KLATSCHEN, SCHNELLES KRÄFTIGES AUSATMEN, LAUFEN, SCHREIEN, TANZEN, TROMMELN,…

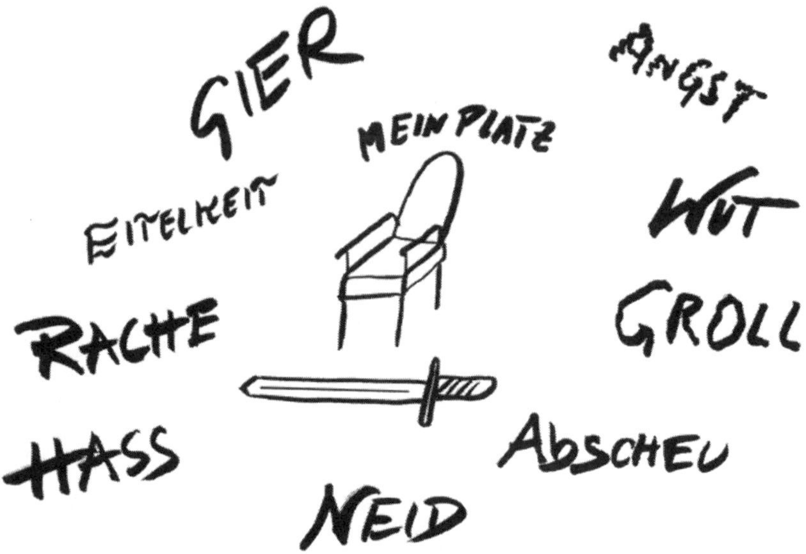

Inne-Halten *(Selbstermächtigung bei schwierigen Emotionen)*

Stellen Sie sich als Metapher vor, Sie hätten in Ihrem Innenleben Zugang zu einem mentalen Übungsraum. In der Mitte des Raumes würde sich ein Stuhl repräsentativ für Ihre Selbstmächtigkeit und Ihre starke Ich-Identität befinden. Um Ihren Stuhl würden Sie je nach Situation bestimmte Emotionen (beispielsweise als Raubtiere verkörpert) vorfinden.

Wie würden Sie in schwierigen Situationen Ihren Platz verteidigen, um Ihre Selbstbeherrschung zu bewahren? Welche Praxis verwenden Sie dazu üblicherweise?

Öffnen Sie nun einen der „Raubtierkäfige", indem Sie sich konkret eine Situation vorstellen, in der Sie in der Vergangenheit mit schwierigen Emotionen zu kämpfen hatten. Wünschen Sie sich diese Emotion bewusst herbei (paradoxe Intervention). Konzentrieren Sie sich dabei ganz auf Ihren Atem. Verteidigen Sie Ihren Stuhl mit aller Kraft und Bestimmtheit. Welche Ihrer Fähigkeiten könnten dafür hilfreich sein?

Wie gut können Sie Ihre Selbstmächtigkeit bei schwierigen Emotionen bewahren? Welche Strategien im Umgang mit (Ohn-)Macht verwenden Sie in Ihrem Alltag? Wie gut gelingt es Ihnen, Selbstbeherrschung zu wahren und schwierige Emotionen auszuhalten?

Ich fühle die Zusammengezogenheit meines Herzens und Deines Herzens.

Mit jedem Einatmen atme ich diese Zusammengezogenheit ein.

Mit jedem Ausatmen verströme ich soviel Güte und Hinwendung wie möglich.

Das, was all dies fühlt, ist frei von Zusammengezogenheit.

Ich fühle die Wut und Verzweiflung in mir und in Dir.

Mit jedem Einatmen atme ich diese Wut und Verzweiflung ein.

Mit jedem Ausatmen verströme ich soviel Güte und Hinwendung wie möglich.

Das, was all dies fühlt, ist frei von Wut und Verzweiflung.

Ich fühle das, was mir wichtig ist und das, was Dir wichtig ist, und das, was uns unterscheidet.

Mit jedem Einatmen atme ich die Kluft der Unterscheidung und den Schmerz des Getrenntseins ein.

Mit jedem Ausatmen verströme ich soviel Güte und Hinwendung wie möglich.

Das, was all dies fühlt, ist frei von Schmerz und Getrenntsein.

Ich erlebe als ein Individuum alle Freuden und Ängste, die damit verbunden sind.

Indem ich mich in Dich einfühle, erlebe ich diese Freuden und Ängste auch bei und mit Dir.

Mit jedem Einatmen atme ich diese Freuden und Ängste ein.

Mit jedem Ausatmen verströme ich soviel Güte und Hinwendung wie möglich.

Das, was all dies fühlt, ist frei von Freuden und Ängsten.

Inne-Halten

Die vorhergehenden beiden Übungen sind unterschiedliche Herangehensweisen an schwierige Emotionen. Welche von beiden hat Sie mehr angesprochen? Die aktive (maskuline) des trennenden Schwertes, oder die empfängliche (feminine) eines aufnehmenden Gefäßes?

In welchen Situationen verwenden Sie das Schwert (das Vermischtes trennt) und in welchen Situationen das Gefäß (das Getrenntes verbindet)?

Mögen wir uns im Bereich des Getrenntseins immer mehr in unseren Herzen berühren.

Mögen wir die Gnade erfahren, das, was jenseits von Trennung ist, mehr und mehr zu (er)leben.

Mögen wir die Kraft der Unterscheidung haben, ohne uns voneinander zu entfernen.

Weitere ausgewählte Praktiken und sportliche Körperübungen zur Verwandlung von schwierigen Emotionen sind beispielsweise:

AIKIDO, BREEMA, CRANIOSACRAL THERAPIE, KARATE, KOCHEN, MALEN, MEDITATIVES WANDERN, MUSIZIEREN, LAUFEN, QIGONG, RADFAHREN, REIKI, RUDERN, SCHWIMMEN, SINGEN, SHIATSU, SEGELN, TAI-CHI, TANZEN, TROMMELN, WINDSURFEN, YOGA…

Inne-Halten

Wie gehen Sie bevorzugt mit schwierigen Emotionen um?

Mögliche Antworten:
- ich fühle mich schwierigen Emotionen hilflos ausgeliefert
- ich bin mir meiner Emotionen gewahr und Bewusstheit hilft mir in der Situation
- ich kann mich von schwierigen Emotionen in der Situation schnell befreien
- ich kann schwierige Emotionen (aus)halten
- ich kann auf meine Emotionen Einfluss nehmen

Welche Praktiken haben sich bewährt? Bei welchen Emotionen wünschen Sie sich im Umgang noch mehr Bewusstheit und Kompetenz?

Körperübung *(Externalisierung)*

Bitte stellen Sie sich eine schwierige Situation vor, die noch nicht lange zurückliegt. Stellen Sie sich diese Situation so konkret vor, wie es in diesem Augenblick für Sie möglich ist. Spüren Sie für ein paar Augenblicke hinein, werden Sie sich der Art der Emotion bewusst und benennen Sie diese mit einem einzigen Wort (wenn sie möchten mit Hilfe des Assoziationsfeldes zu schwierigen Emotionen).

Versuchen Sie sich gewahr zu werden, welcher Bereich Ihres Körpers dieses Wort der Emotion repräsentiert, und versuchen Sie diese Stelle so genau wie möglich zu lokalisieren. Vielleicht spüren Sie dort eine Zusammengezogenheit, einen diffusen Schmerz oder andere Empfindungen. Wählen Sie jetzt in Ihrer unmittelbaren Umgebung einen Gegenstand oder stellen Sie diese Emotion mit Ihren Händen dar, und betrachten Sie diesen Ausdruck Ihrer Emotion für ein paar Augenblicke. Bitte achten Sie dabei so bewusst wie möglich auf Ihre Atmung. Welche Reaktionen nehmen Sie in diesem Moment wahr?

Ich nehme wahr, wie sich meine Emotion durch mein Ausdrücken verändert. Ich halte nichts fest und konzentriere mich ganz auf mein Beobachten. Dieser Ausdruck der Emotion ist mein Ausdruck. Ich kann diesen Ausdruck selbst gestalten. Ich kann ihn sogar loslassen, wenn ich dazu bereit bin.

Spielen Sie ein wenig mit der Distanz. Lassen Sie den Ausdruck Ihrer Emotionen ein Stück näher an sich heran und dann wieder ein Stück weiter weg. Nehmen Sie den Ausdruck Ihrer Emotion jetzt in die andere Hand und stellen Sie sich folgende Fragen:

Was könnte die andere Seite meiner Emotion sein? Wofür könnte diese andere Seite stehen?

Angenommen, Sie lassen zu, dass sich Ihre Emotion jetzt mit jedem Atemzug ein Stück in das verwandelt, was Sie sich wünschen, welcher neue Ausdruck, welches Wort würde JETZT vielleicht besser zu dem passen, was Sie in diesem Augenblick im Bewusstsein Ihrer Atmung und Ihres Wunsches empfinden?

Wenn Sie möchten, verstärken Sie diese Übung noch durch ein Ritual:

Schreiben Sie die Emotion(en), die Sie als schwierig erleben auf ein Blatt Papier. Machen Sie sich dabei noch einmal bewusst was diese Emotion für Sie bedeutet, und welchen Platz und Raum sie in Ihrem Leben einnimmt. Machen Sie sich dabei auch Ihren Wunsch (Ihre Wünsche) hinsichtlich dieser Emotion bewusst (Abgeben, Annehmen, Loslassen, Loswerden, Transformieren, Verstehen ...). Machen Sie sich dabei auch bewusst, dass Sie und diese Emotionen in einem größeren und umfassenderen Wirkzusammenhang stehen. Finden Sie nun für sich eine rituelle und verkörperlichte Form im Umgang mit dem Blatt Papier.

Nach einer Beschäftigung mit dem OFFENSICHTLICHEN in Teil 1 haben wir uns jetzt mit den Inhalten unseres Bewusstseins beschäftigt, als dem Offensichtlichen, welches uns als Erstes begegnet wenn wir uns nach innen wenden und uns befragen. Jetzt stellen wir uns die Frage, ob es darüber hinaus noch etwas in unserem Bewusstsein gibt, das wir (er)kennen sollten.

Die Strukturen des Bewusstseins

Wenn die Inhalte des Bewusstseins wahrgenommen, erkannt und zum Ausdruck gebracht werden können, gibt es darüber hinaus noch etwas im Bewusstsein?

Nichts ist einfach nur das, was es ist.

Der Vorgang der Wahrnehmung miterschafft und konstruiert das Wahrgenommene.

Wir kennen die Dinge nur über unsere Wahrnehmung.

Unsere Wahrnehmung und das Wahrgenommene gehören zusammen.

Unsere Wahrnehmung macht etwas mit dem Wahrgenommenen.

Das Wahrgenommene macht etwas mit unserer Wahrnehmung.

Inne-Halten

Bitte lassen Sie diese Aussagen auf sich wirken.
Wie wirken diese Aussagen auf Sie?

Inne-Halten

Bitte holen Sie sich ein Trinkglas mit Wasser, stellen es vor sich hin, nehmen es wahr, und achten dabei auf das, was in Ihnen vor sich geht. Was ist die Totalität Ihres Erlebens des Wasserglases? Beschreiben Sie das, was beim Betrachten in Ihnen vor sich geht, so genau und ausführlich wie möglich.

Was ereignet sich in Ihrem Wahrnehmungsraum bei der Betrachtung? Vielleicht sagen Sie sich innerlich beim Betrachten: „Das kenne ich – das Glas ist halbvoll oder halbleer". Doch was bedeutet das? Ein und dasselbe Wahrnehmungsobjekt ist *nicht* das gleiche.

Weitere Wahrnehmungen dazu könnten sein:

– dass das Glas voll gefüllt ist und zwar zur Hälfte mit Wasser und zur Hälfte mit Luft

– dass das Glas oben offen ist und die Luft im Glas mit der Luft in der Umgebung einen gemeinsamen Raum einnimmt, dessen Ausmaße nur in unserer Vorstellung existieren.

– dass der Füllstand des Wassers sich mit der Zeit unmerklich aber sicher auf Grund der Verdunstung des Wassers ändert, da sich das Wasserglas vermutlich auf einem Tisch in einem angenehm warmen Raum befindet.

– dass das Glas sich vielleicht auf einer schwingenden Platte mit einem Schallgeber befindet, und von einer anderen Perspektive von oben betrachtet mittels einer speziellen Beleuchtung ein Wasserklangbild zu sehen ist.

Bei jedem Vorgang der Wahrnehmung erscheint es anders, von Person zu Person, aber auch für ein und dieselbe Person zu unterschiedlichen Zeiten, Orten und Gelegenheiten.

Und das gilt nicht nur für dieses kleine Experiment, sondern für die Gesamtheit unserer und aller Wahrnehmungen – in uns selbst, gegenüber anderen, und im Hinblick auf die uns umgebende Welt.

Der Grund dafür ist: Wir sind alle psychologisch (und auch biologisch, kulturell und sozial) strukturierte Wesen. Unsere Strukturen (Muster, Persönlichkeitsstrukturen, Charakterstrukturen, Mindsets, innere Haltungen, Überzeugungen) sind maßgeblich dafür was wir wahrnehmen und wie wir es wahrnehmen. (In diesem Beispiel, und sehr vereinfachend ausgedrückt, sieht jemand mit einer optimistischen Persönlichkeitsstruktur ein halbvolles Glas, und jemand mit einer pessimistischen Persönlichkeitsstruktur ein halbleeres Glas).

Die ernüchternde Nachricht dabei ist: Wir kommen aus der Bedingtheit der inneren Matrix unserer Strukturiertheit nicht heraus. Die erfreuliche Nachricht ist: wir können uns unserer Strukturiertheit und Bedingtheit immer bewusster werden, und uns so ein Stück von den Begrenzungen unseres Bewusstseins befreien. Es macht einen entscheidenden Unterschied in jedem Moment unseres Lebens, ob wir unsere psychologischen Gewohnheiten, Muster und Bedingtheiten *haben*, oder ob wir diese *sind*.

Diese Strukturen, die unsere Wahrnehmung färben „sehen" wir nicht im Vorgang einer unmittelbaren Wahrnehmung, sie gehören zu den nicht ganz so offensichtlichen Dingen unseres Erlebens. Um sie zu erkennen brauchen wir ein reflektierendes Wissen über uns. Erst wenn wir das haben, dann kann der Gedanke an diese Zusammenhänge und ihr Erspüren in unserem Bewusstsein auftauchen.

Inne-Halten

- Was löst der Gedanke einer inneren (psychologischen) Strukturiertheit und Bedingtheit bei Ihnen aus?
- Wie frei fühlen Sie sich?
- Wie sehr fühlen Sie sich bedingt, konditioniert und unfrei?

Ein intuitives Wissen um die Strukturiertheit ist schon sehr alt, und hat sich in unserer Sprache in Begriffen niedergeschlagen wie im folgenden Assoziationsfeld:

ALTRUISTISCH, ANMAßEND, ARROGANT, EGOISTISCH, EINGEBILDET, EHRGEIZIG, ERNSTHAFT, FREUNDLICH, FRÖHLICH, GEDULDIG, GEIZIG, IDEALISTISCH, KRITISCH, LIBERAL, MATERIALISTISCH, MISANTHROPISCH, MUTIG, NACHTRAGEND, OPTIMISTISCH, PESSIMISTISCH, SPARSAM, SKEPTISCH, SOZIAL, STUR, VERSCHWENDERISCH

Inne-Halten *(Charakterisierungen)*

- Wie würden Sie sich selbst charakterisieren? Beschreiben Sie sich.
- Wie würden Menschen, die Sie kennen, Sie charakterisieren? (Wenn Sie es nicht wissen, fragen Sie danach)
- Worin stimmen Menschen, die Sie beschreiben, überein? Wie werden Sie von anderen gesehen (charakterisiert)?

Ich begegne einem Menschen, den ich noch nicht kenne. Was ich sehe, sind Phänomene wie eine äußere Erscheinung, Kleidung, Verhalten. Ich höre Sprache und Stimmlage, und vielleicht rieche ich etwas. Eine Vorstellung wie dieser Mensch ist, entsteht in einem Wahrnehmungsraum, basierend auf Vorerfahrungen mit anderen Menschen. Doch wer und wie ist dieser Mensch, wie „tickt" er oder sie, was macht sein Wesen aus? Es ist faszinierend – durch das Zusammensein mit diesem Menschen und eine Fülle von Informationen vergleiche ich das, was ich erlebe mit den

Erfahrungen meines Lebens, so dass ich nach einer Zeit, wenn man mich fragen würde „wie ist dieser Mensch?", eine Aussage machen könnte, wie „dieser Mensch ist so und so" – ich könnte ihn charakterisieren (und umgekehrt er oder sie mich auch).

Als Musiker und Musikpädagoge höre ich viel Musik. Dabei höre ich nicht nur phänomenologisch, sondern ich erkenne auch beim Hören die Struktur eines Liedes, den Zusammenhang der Harmonien miteinander und deren Wechsel – Tonika, Subdominanten, Dominanten, Mollparallele … Was Nicht-Musikern wie Zauberei vorkommt, ist einfach das Ergebnis jahrelanger (in meinem Fall) musikalischer Praxis. Jedes Lied ist phänomenologisch einzigartig wenn es vorgetragen wird, und immer anders. Jedes Lied ist (strukturell) immer gleich, sonst wäre es nicht genau dieses Lied.

Beim Herumzappen am Fernseher lande ich bei einem Spiel American Football. Ich sehe die Bewegungen der Spieler, höre die Zuschauerreaktionen, und versuche mir aus den Informationen die Regeln des Spiels zusammenzureimen, die ich dann wieder mit dem was ich sehe überprüfe.

In der U-Bahn höre ich Menschen in einer mir fremden Sprache sprechen. Was für mich nur akustische Phänomene sind, hat für diese Menschen Bedeutung. Die Laute, die sie ausstoßen, folgen bestimmten Regeln, sie gehorchen einer bestimmten Grammatik. Diese Grammatik muss den Sprechenden gar nicht bewusst sein, sie verwenden sie unbewusst, so wie ich auch die meisten der Grammatikregeln, die ich einmal in der Schule gelernt habe, längst vergessen habe.

Die Haltung und die Grundüberzeugungen von Menschen drücken sich durch Ihre Werthaltung aus.

Assoziationsfeld zu Werten:

ACHTSAMKEIT, AKZEPTANZ, AUSDAUER, BEHARRLICHKEIT, BESONNENHEIT, CHARISMA, DANKBARKEIT, DE-

MUT, EINSICHT, ENGAGEMENT, ERFOLG, FLEXIBILITÄT, FREIHEIT, FREUDE, FRIEDEN, GEBORGENHEIT, GELASSENHEIT, GESUNDHEIT, GLAUBWÜRDIGKEIT, GLÜCK, GROßZÜGIGKEIT, HARMONIE, HERZLICHKEIT, HUMOR, KLARHEIT, KOMPETENZ, KREATIVITÄT, LEBENSLUST, LEICHTIGKEIT, LEIDENSCHAFT, LIEBE, LOYALITÄT, LUST, MITGEFÜHL, NACHHALTIGKEIT, NATÜRLICHKEIT, OFFENHEIT, ORDNUNG, PRÄZISION, RÜCKSICHT, SCHÖNHEIT, SELBSTBESTIMMUNG, SICHERHEIT, SINN, SINNLICHKEIT, SPAß, SPIRITUALITÄT, SPORTLICHKEIT, TIEFE, TOLERANZ, TRADITION, VERÄNDERUNG, VERANTWORTUNG, VERBINDLICHKEIT, WEISHEIT, WISSEN, ZUVERLÄSSIGKEIT

Inne-Halten *(Werte und Grundüberzeugungen)*

Welche Werte teilen und vertreten Sie, und welche nicht?

Erstellen Sie bitte zwei Listen

a) Werte, die ich teile und vertrete
b) Werte, die ich nicht teile

Inne-Halten *(Werte und Grundüberzeugungen)*

- Welche zwischenmenschlichen Werte (Atmosphäre) gibt es in Gemeinschaften, in denen Sie Mitglied sind?
- In den drei wichtigsten Beziehungen Ihres privaten Bereiches?
- In den drei wichtigsten Beziehungen außerhalb Ihres privaten Bereiches?
- In Ihrer Nachbarschaft?
- In der Gemeinde, in der Sie leben?
- In dem Land oder Staat, in dem Sie leben?

Besonders bei politischen Diskussionen oder ethischen Debatten werden die Grundüberzeugungen (und -strukturen) von Menschen sichtbar und erlebbar.

- Verfolgen Sie Diskussionen in der Öffentlichkeit, und versuchen Sie, die Grundüberzeugungen der Diskutierenden mit wenigen Sätzen oder gar einem einzigen Wort zu beschreiben. (z.B. „dieser Mensch argumentiert aus einer sozialen Perspektive")

Woher kommen unsere Werte und Überzeugungen, als eine unserer grundlegendsten Persönlichkeits- und Bewusstseinsstrukturen? Sie haben sich entwickelt und entwickeln sich weiter. Diese Entwicklung selbst ist nicht unmittelbar und phänomenologisch erlebbar, und daher können wir dazu auch keine Übung anbieten, doch das Ergebnis, als unsere derzeitige Wertestruktur, aus der heraus wir Wertungen und Beurteilungen abgeben, ist erlebbar, und wir erleben dies ständig im Austausch mit anderen, wenn sich Vorstellungen aneinander reiben und wir auf unsere eigene Strukturiertheit (und die anderer Menschen) aufmerksam werden.

Als eine einfache und wichtige Differenzierung können (und sollten) wir vertikale und horizontale Bewusstseinsstrukturen unterscheiden. Vertikale Strukturen stehen in einem Verhältnis von umfassender zu weniger umfassend oder höher zu niedriger zueinander. So ist z. B. Solidarität ein höherer Wert als Rücksichtslosigkeit. Horizontale Strukturen stehen, als typologische Differenzierungen, in einem alternativen Verhältnis zueinander. So ist das Männliche nicht besser als das Weibliche, sondern anders.

Weitere horizontale persönlichkeitstypologische Unterscheidungen sind: Die Myers Briggs-Typologien, das Enneagramm, die „Big Five" Typologie.

Myers Briggs Typologien:

- I oder E - Introversion oder Extraversion (bevorzugte Motivation zur Sinneserfahrung auf das Innenleben oder auf das Außen),
- N oder S – Intuition oder Sensing (bevorzugte Gewichtung von Sinneserfahrung auf das Ganze oder auf Details),
- F oder T – Feeling oder Thinking (bevorzugte Art der Entscheidungsfindung durch Fühlen oder Denken),
- J oder P – Judging oder Perceiving (bevorzugte Art der Informationsverarbeitung zur Entscheidungsfindung direktiv auf unvollständiger Datenbasis, oder flexibel auf offenem Datenfluss basierend)

Die Enneagramm Typologien

- 1 Perfektionist/Idealist (Motivation: Recht haben),
- 2 Helfer/Geber (Anderen helfen),
- 3 Macher / Dynamiker (Erfolg haben),
- 4 Romantiker / Individualist (Anders sein),
- 5 Denker / Forscher (Klarheit haben),
- 6 Kritiker / Skeptiker (Pflicht erfüllen),
- 7 Genießer / Optimist (Lebensglück suchen),
- 8 Führer / Herausforderer (Stärke zeigen),
- 9 Friedliebender / Vermittler (Zufriedenheit finden)

Die „Big Five“ Typologien

- 1 offen für neue Erfahrungen vs. festgelegt,
- 2 gewissenhaft vs. unorganisiert,
- 3 introvertiert vs. extrovertiert,

– 4 umgänglich vs. kritisch,

– 5 gelassen vs. nervös

Die Persönlichkeitsstruktur eines Menschen (als ein „Psychogramm“) kann erst durch Kenntnis der vertikalen Entwicklungsstruktur und der horizontalen Typologie erfasst werden.

Inne-Halten (Typologien)

- Kennen Sie typologische Modelle, und wenn ja, welche sind das?
- Inwieweit kennen Sie sich selbst in Ihrer typologischen Orientierung in welchem der Modelle, die Sie kennen?

Inne-Halten *(Lebenseinstellungen)*

Bitte lesen Sie sich die folgenden Lebenseinstellungen durch, und entscheiden Sie spontan bei welcher Sie sich dabei am ehesten wiederfinden. Dabei können Sie noch unterscheiden

a) So sollte ich sein (meine Vorstellung von mir, und wie ich mich nach außen darstelle – als „Maske")
b) So bin ich (so erleben mich andere und ich mich selbst in meinem Alltag – als „Persona")

Lebenseinstellung 1: Jeder ist sich selbst der Nächste. Ich bin ich und kümmere mich vor allen Dingen um mich selbst. Ich beeinflusse andere Menschen nach meinen Vorstellungen. Macht und Einfluss sind mir sehr wichtig, und ich setze mich durch wo ich kann. Ich bin nur mir selbst gegenüber verantwortlich und lebe nach meinen eigenen Regeln. Ich lebe im Hier und Jetzt und reagiere oft impulsiv.
Lebenseinstellung 2: Meine Familie und mir nahestehende Menschen sind mir wichtig, und für sie setze ich mich ein. Ich lebe nach traditionellen Werten und bin ein religiöser Mensch. Für mich ist Beständigkeit ein hoher Wert, und ich halte wenig von ständigen Neuerungen und Experimenten. Treue, Ehrlichkeit und Ordnung bedeuten mir viel. Ich befolge die Gesetze meines Landes und halte mich an die Regeln. Nur so kann das Gemeinwesen sich entwickeln. Ich bin für einen starken Staat nach innen und nach außen.
Lebenseinstellung 3: Ich betrachte mich als einen modernen und aufgeklärten Menschen. Ich glaube an die Wissenschaft und Ihre Entdeckungen. Für mich ist die Welt ein Platz wo jeder nach seinen Vorstellungen leben sollte, in einem Wettbewerb miteinander. Leistung und Erfolg sind mir wichtig und dafür arbeite ich hart. Ich stehe meinem Staat loyal aber auch kritisch gegenüber. Ich nutze die modernen Technologien und möchte bei dem was ich mache der/die Beste sein.
Lebenseinstellung 4: Ich fühle mich den Werten von Multikulturalität und Vielfalt verpflichtet. Für mich sind die meisten Traditionen überholt, und die Wissenschaft nur von begrenztem Wert. Jede Kultur und jeder Mensch sind auf Ihren eigenen Wegen, und Wertungen darüber sind nicht zulässig. Ich setze mich für die Rechte aller Menschen und Tiere ein, und für eine gerechte, nachhaltige und ökologische Welt.
Lebenseinstellung 5: Ich erlebe mich in einer sich entwickelnden und bewusstwerdenden Welt aus dynamisch interagierenden Systemen, in denen es viele komplexe Wechselwirkungen gibt. Manches kann ich beeinflussen, manches ist Teil einer allumfassenden Selbstorganisation. Ich suche nach einer großen Synthese, die sowohl den Unterschieden wie den Gemeinsamkeiten Rechnung trägt. Der Sinn und Wert des Lebens erschließt sich mir in einer umfassenden Schau. Ich übe und praktiziere zur eigenen Entwicklung, wie auch um einen Beitrag in der Welt zu leisten.
Lebenseinstellung 6: Ich erlebe immer mehr und unmittelbar die Gleichzeitigkeit und Unterschiedlichkeit aller Manifestation, und dasjenige was aller Manifestation zugrunde liegt. Ich empfinde eine tiefe Wertschätzung und Dankbarkeit für alles Existierende. Ich bin mir der hohen Paradoxie vieler Lebenssituationen bewusst und gestalte diese um für mich und andere Wachstum und Freude zu ermöglichen. Das Leben ist für mich zutiefst spirituell und liebevoll.

In der Entwicklungsforschung werden die Lebenseinstellungen mit Begriffen wie

1. Egozentrisch
2. Traditionell/Konformistisch
3. Modern/Wissenschaftlich
4. Postmodern/Pluralistisch
5. Systemisch/Strategisch
6. Integral/Synergetisch

beschrieben, als typische Entwicklungsabfolgen des menschlichen Bewusstseins, individuell und kollektiv, aus denen heraus Menschen ihr Leben leben. Wie schon erwähnt sind diese Strukturen nicht sichtbar, im Außen sowieso nicht, aber auch im Inneren nicht unmittelbar. Was wir jedoch ganz direkt erleben, ist die Reibung, die entsteht, wenn im Austausch unterschiedliche Wertevorstellungen (oder Vorstellungen allgemein) aufeinander treffen. Diese machen einen Großteil der Konflikte in der Welt aus, persönlich und für die Menschheit insgesamt. Die Bewusstwerdung über unsere Strukturiertheit ist eine wesentliche Voraussetzung für eine gesunde (Weiter-)Entwicklung. Diese Stufen sind für sich genommen, wie die Stufen einer Treppe, weder gut noch schlecht, sondern die Bausteine unserer Entwicklung. Jede höhere Stufe führt zu einer Horizont- und Perspektivenerweiterung, und zu mehr Wissen, Liebe und Weisheit. Gleichzeitig ruht jede Stufe, wie bei einer Treppe, auf ihren Vorgängern, und daher ist jede Stufe von Wert. In Stufe 1 bilden wir einen gesunden Selbstwert aus, in Stufe 2 lernen wir, uns sozial zu verhalten, in Stufe 3 erweitern wir uns für eine wissenschaftliche Perspektive, die über uns und unsere Gemeinschaften hinaus zu immer mehr Objektivität führt, und in Stufe

4 schließlich begegnen uns die Werte von Ökologie, Multikulturalität und Pluralität, als eine Erweiterung der Vereinheitlichungstendenzen der Wissenschaft, und eine Öffnung für die Vielfalt des Lebens. Die Stufe 5 strebt nach einer Integration der Wissens- und Erfahrungsfülle, auch um diese zur Verbesserung der Lebensverhältnisse einzusetzen, und die Stufe 6 schließlich lotet die Höhen und Tiefen des Menschseins in den inneren Dimensionen immer weiter aus, um diese dann auch konkret in der Manifestation in Erscheinung treten zu lassen.

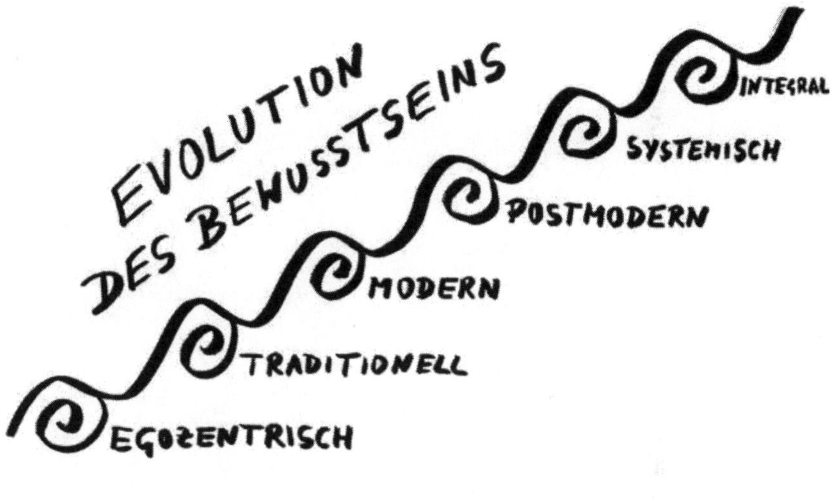

Entwicklung findet seit dem Beginn von Manifestation statt. Wir müssen so gesehen nichts tun, es (und ich und wir) entwickeln sich. Was wir jedoch tun können ist, Hindernisse aus dem Weg zu räumen, und das ist ein Anliegen dieses Buches. Durch die Bewusstwerdung unseres Innenlebens kann uns die Dynamik der Entwicklung besser erreichen, als eine der grundlegenden Kräfte von Manifestation.

Worüber wir uns bei der Beschäftigung mit dem Thema Entwicklung auch bewusst werden ist, dass Menschen auf allen Ebenen unterwegs sind, und wir mit dem, was wir sagen und tun, auch alle Ebenen ansprechen. Dies kann, insbesondere bei technologischen Entwicklungen, zu Dilemmata der folgenden Art führen.

Ich bin als Physiker mit der Situation konfrontiert, dass aus physikalischen Theorien und Konzepten neue Materialien und neue Produkte entwickelt werden, die prinzipiell auf allen Bewusstseinsebenen zum Einsatz kommen können, von sehr egoistisch bis zum Wohle aller Menschen. Das Spektrum des Innenlebens der Werte wird dabei im Handeln und in der Verwendung der Tools sichtbar.

Eine Person verwendet beispielsweise als Gebrauchsgegenstand ein Mobiltelefon …

… als Internettool für soziales Netzwerken

… als Organisationstool zum Planen von Geschäftsterminen

… als Wecker

… als GPS zum Navigieren in einer Großstadt

… als Kamera für Urlaubsfotos

… als Musik- und Videotool

… als Spielkonsole für ein Schachturnier

… als Messgerät des Sonnenverlaufs zur Ausrichtung einer Solaranlage

… als Kontrolltool in Kombination mit einer Überwachungskamera

… als Telefon

… zur Verabredung von kriminellen Machenschaften

Ein Mobiltelefon, das als Kontrolltool ein Baby im Schlaf überwacht, schafft einen Mehrwert an Sicherheit für Eltern, die nicht in unmittelbarer Nähe des Babys sein können. In anderen Kontexten kann die Überwachungsfunktion jedoch die persönliche Freiheit sehr einschränken, von den Auswirkungen von kriminellen Handlungen einmal ganz abgesehen.

Inne-Halten *(Werte Balancen, inspiriert von Paul Helwig's Wertequadrant)*

Bitte wählen Sie ein Thema, das Ihnen aktuell wichtig ist, und notieren Sie sich den wichtigsten Wert hinter dem Thema und das Gegenteil des Wertes.

Bitte beantworten Sie die folgenden Fragen:

- Was ist das Gute der einen Seite?
- Wohin führt ein Zuviel der einen Seite?
- Was ist das Gute der anderen Seite?
- Wohin führt ein Zuviel der anderen Seite?
- Wie könnte ich zwischen der einen und der anderen Seite eine flexible Balance erreichen, die zu mehr Elastizität im Alltag führt?

Beispiel:
Thema: Einen guten Rhythmus beim Lesen dieses Buches finden
Die eine Seite: Die Entdeckung der Langsamkeit beim Lesen
Das Gute der einen Seite: Alle Übungen werden intensiv reflektiert und gut abgeschlossen
Das Zuviel der einen Seite: Die Erfahrung der Unmittelbarkeit geht zum Teil verloren, Unterforderung und eingeschränkte Lernerfahrung
Die andere Seite: schnell Lesen
Das Gute der anderen Seite: gute Erfahrung der Unmittelbarkeit des Buches
Das Zuviel der anderen Seite: Stress, innerer Druck, Überforderung, Oberflächlichkeit und eingeschränkte Lernerfahrung

Phänomene folgen Regeln. Ob nun Dinge von oben nach unten fallen (Gravitationsgesetz), Licht sich in einem Regenbogen auffächert (optische Gesetze), Menschen sprechen (Grammatik) und sich verhalten (Verhaltensmuster), ein Liebespaar interagiert (Paarbeziehungsmuster), jemand denkt (kognitive Regeln), fühlt (emotionale Muster) oder träumt (unbewusste

Dynamiken). Hinter all dem was wir wahrnehmen, in uns, zwischen uns und im Außen, gibt es ein Netz von Mustern, Gewohnheiten und Regeln. Manche davon sind starr und scheinen für die Ewigkeit gemacht, andere sind sehr flexibel, werden aufgebaut, verändern sich, passen sich an, entwickeln sich weiter. Warum sind wir (auch) strukturierte Wesen? Warum gibt es, zusätzlich zu den Inhalten unserer Wahrnehmung, die uns unmittelbar zugänglich sind, auch eine nicht so offensichtliche Strukturiertheit? Der Grund dafür liegt offenbar in der Art, wie das Universum angelegt ist. Dieses Universum ist ein sich entwickelndes Universum, und das funktioniert nur, wenn es neben den sich ständig ändernden Inhalten und Phänomenen auch Bleibendes gibt, auf dem aufgebaut werden kann. Dieses Bleibende bezeichnen wir hier mit Strukturen (oder Mustern, Gewohnheiten, Regeln, Gesetzmäßigkeiten). Sie sorgen dafür, dass sich nicht alles ständig ändert, sondern dass es auch Bleibendes gibt, auf dem aufgebaut werden kann – von der Bildung von Atomen und Molekülen bis hin zu komplexen sozialen Mustern nach denen eine Gesellschaft funktioniert. Muster und Strukturen geben uns äußerlichen und innerlichen Halt und Beständigkeit, das gilt sowohl für unsere schlechten wie für unsere guten Eigenschaften. Strukturänderungen brauchen, anders als Zustandsänderungen, Zeit, manchmal sehr viel Zeit. Diese existieren nicht nur im Innern, (innerpsychisch), und bedingen unseren Charakter (und bilden ihn), sondern sie existieren auch zwischenmenschlich und in der äußeren Welt. Die Naturgesetze sind ein Beispiel für Gesetzmässigkeiten nach denen sich die Materie richtet. Strukturen in dieser Bedeutung sind die verborgenen Spielregeln, nach denen das Spiel des Lebens läuft. Ihre Entdeckung gehört zu den faszinierendsten Menschheitsabenteuern. Die Erforschung des ICH BIN ist auch eine Erforschung unserer Strukturiertheit.

Inne-Halten

Wie geht es Ihnen mit dem Thema von Mustern und Strukturen, als den Spielregeln des Lebens - auch Ihres Lebens?

Für welche Mustererkennungen haben Sie ein Talent und für welche nicht? (Sprache, Naturgesetzmäßigkeiten, psychologische Regeln, Mathematik, Verhalten, systemische Zusammenhänge ...)

Weiter oben bestand die Einladung zu einer Assoziationsübung wie folgt:

Lassen Sie die folgenden Begriffe einzeln in Ihren inneren Wahrnehmungsraum eintreten (gehört, gesprochen, vorgestellt), und assoziieren Sie frei dazu.
Achten Sie dabei bitte auch auf emotionale und körperliche Reaktionen.

Beständigkeit Freiheit Glück Hoffnung Liebe Schönheit

Treue Veränderung Vertrauen Wahrheit Wandel Zuversicht

Jetzt besteht noch einmal die Einladung zu dieser Übung, allerdings nun mit dem Schwerpunkt auf Interpretation und Struktur- und Mustererkennung.

Bitte machen Sie diese Übung erneut und fragen sich jetzt dabei: Welchen inneren Mustern und „Bahnen" und Gewohnheiten folgen meine Assoziationen? Sie können sich zum Beispiel ein Blatt Papier nehmen, in die Mitte das Wort „Freiheit" schreiben, und dann rundherum Ihre Assoziationen dazu aufschreiben. Können Sie aus dem Gesamtbild ein Assoziationsmuster erkennen, das (charakter-)typisch für Sie ist?

Inne-Halten *(Strukturerkennung Grundeinstellung)*

Nehmen Sie sich bitte die Zeit, die folgenden Fragen hintereinander und spontan zu vervollständigen. Legen Sie dann diese Aussagen und ihre Vervollständigungen dazu für ein paar Tage auf die Seite. Schauen Sie sich dann (mit einiger Zeit Abstand) Ihre Satzvervollständigungen wieder an, und fragen sich dabei: Was ist das für ein Mensch, der diese Aussagen so vervollständigt (was sind seine Eigenschaften, und wie kann er oder sie charakterisiert werden)?

1. Das Leben ist ...
2. Beziehung bedeutet für mich ...
3. Kinder sind für mich ...
4. Wenn ich mehr Geld hätte, würde ich ...
5. Politiker sind ...
6. Als Mann (als Frau) fühle ich mich ...
7. Wenn ich kritisiert werde ...
8. Gegenwart erlebe ich ...
9. Mit anderen Menschen zusammen zu sein ...
10. Was ich an mir selbst schätze ...
11. Wenn Menschen in Schwierigkeiten sind ...
12. Regeln sind ...
13. Ich mag Leute nicht, die ...
14. Ich bin ...
15. Wenn ich wütend werde ...
16. Was mich am meisten nervt ...

Sie können sich diese (unvollständigen) Aussagen oder andere Aussagen immer wieder selbst vorlegen, und

a) spontan darauf reagieren und
b) sich dann fragen, aus welcher Haltung oder Grundeinstellung heraus Sie das tun.

Erlauben Sie sich jetzt besonders innezuhalten, bevor wir Ihnen noch eine Übung zur Strukturerkennung anzubieten, die aus der Transaktionsanalyse stammt (einer psychologischen Theorie über Persönlichkeitsstrukturen mit der Beschreibung kommunikativer Abläufe in unterschiedlichen Kontexten).

Bitte lesen Sie sich die folgenden vier Sätze langsam und einfühlsam nacheinander durch und achten Sie dabei auf Ihre innere Reaktion und Resonanz:

Ich bin O.K. und du bist O.K.

Ich bin O.K. und du bist nicht O.K.

Ich bin nicht O.K. und du bist O.K.

Ich bin nicht O.K. und du bist nicht O.K.

Wobei gibt es mehr oder weniger Resonanz?

Und nun reflektieren Sie bitte über diese Übung:

- Wie wirkt die vorhergegangene Übung zur Strukturerkennung auf Sie? (Künstlich? Konstruiert? Anregend? Interessant? Nützlich? Stimmig?...)
- Welchen Geschmack hinterlassen die Begriffe O.K bzw. nicht O.K. bei Ihnen?
- Welche Begriffe für die Beziehungsqualität „O.K." bzw. für „nicht O.K." würden Sie selbst formulieren bzw. aus dem folgenden Assoziationsfeld auswählen? (Wesensmerkmale von „O.K." Beziehungen könnten sein: achtsam, anerkennend, kompetent, liebenswert, offen, menschlich, wertschätzend, würdevoll; Wesensmerkmale von „nicht O.K." Beziehungen könnten sein: abhängig, ambivalent, bindend, diffus, gewaltvoll, irritierend, unterdrückend, verletzend, vermischt,...)
- Bitte stellen Sie sich jetzt konkrete Beziehungssituationen vor und formulieren Sie bitte so detailreich wie möglich Ihre eigenen Begriffe für O.K. bzw. nicht O.K..

Die Kompetenzen zur Unterscheidung und sprachlichen Formulierung von Transaktionen sind stark von der Entwicklung der Bewusstseinsebene abhängig und werden unterschiedlich formuliert. Bitte lesen Sie noch einmal die weiter oben formulierten verschiedenen Lebenseinstellungen und die möglichen Formulierungen von Transaktionen je nach Lebenseinstellung durch.

Lebenseinstellung 1:

„Ich kämpfe also bin ich"

Ich bin stark und mächtig, und du bist mir dienlich (für meine Bedürfnisse)

Ich bin stark und mächtig, und du bist mir nicht dienlich

Ich habe Angst, beherrscht zu werden

Ich bin aggressiv, weil du meine Bedürfnisse nicht erfüllst

Lebenseinstellung 2:

„Ich befolge die Regeln also bin ich."

Ich bin O.K. und du bist O.K. (weil du unseren Regeln und Werten folgst)

Ich bin O.K. und du bist nicht O.K. (weil du anders bist und nicht dazugehörst)

Ich bin nicht O.K. und du bist O.K. (ich fühle mich dir gegenüber schuldig)

Ich bin nicht O.K. und du bist nicht O.K. (ich fühle mich dir gegenüber schlecht und lehne dich ab)

Lebenseinstellung 3:

„Ich gewinne also bin ich."

Ich bin ein Gewinner und du bist mir nützlich (für meinen Erfolg)

Ich bin ein Gewinner und du bist ein Konkurrent

Ich beneide dich um deinen Erfolg und fühle mich schlecht dabei

Ich fühle mich unterlegen und lehne dich ab

Die Wissenschaft verbindet uns

Lebenseinstellung 4:

„Ich liebe, also bin ich."

Ich fühle mich in Liebe verbunden mit dir

Weil du die Gleichheit aller Menschen in Frage stellst verletzt du meine Gefühle

Wir begegnen uns in der Ablehnung des materiellen Denkens

Das Fühlen ist wichtiger als das Denken, und das Wir ist höherwertiger als das Ich

Lebenseinstellung 5:

„Ich erwache und fördere das Erwachen anderer also bin ich."

Ich erkenne sowohl das, was uns gemeinsam ist als auch das was uns unterscheidet.

Ich (aner)kenne sowohl die äußere materielle wie auch die innere geistige Dimension allen Lebens

Ich (aner)kenne meine Unvollkommenheiten und die Probleme in der Welt, und bin dankbar für das, was sich bereits entwickelt hat

Lebenseinstellung 6:

„Ich bin und tue, erkenne und fühle, bewege mich und ruhe in der Stille

Es gibt viel zu tun und es ist alles vollkommen

Die Freiheit des Individuums, die Verantwortung in der Gemeinschaft, und die Nachhaltigkeit aller lebenserhaltenden Systeme, natürlich und kulturell, sind die drei Gesichter des Göttlichen, denen ich begegne – in mir, in dir und bei der Betrachtung der Welt.

Inne-Halten

Wie würden Sie Ihr Verhältnis

- zu sich selbst
- zu anderen Menschen
- zur Welt insgesamt

beschreiben?

Wie verändert sich Ihr Verhältnis

- zu sich selbst
- zu anderen Menschen
- zur Welt insgesamt

wenn es Ihnen gut geht und Sie sich umfassend wohl fühlen, beziehungsweise wenn Sie unter Stress, Hunger, Durst, einer Krankheit leiden oder Druck, Zwänge oder ein anderes starkes Unwohlsein empfinden?

Bitte spüren Sie in sich hinein und reflektieren Sie wie sich Ihre Wahrnehmung für Ihre Beziehungen in solchen Situationen verändert.

Bei diesen Übungen kommt es, wie bei allen anderen Übungen auch, auf die Achtsamkeit ihrer Ausübung an, und auf die Fähigkeit zur eigenen Innenwahrnehmung (mit Reaktionen wie Ablehnung, Ärger, gelangweilt sein, Interesse, Neugier ...). Durch einfache Sätze wie die genannten ist es möglich, die eigene Grundorientierung gegenüber sich selbst und anderen Menschen, aus der heraus man das eigene Leben lebt, zu fühlen. Dieses darin enthaltene Wissen kann Ihnen *kein* Buch geben. Das Anliegen dieses Buches ist es, Einladungen auszusprechen zum Erfühlen des eigenen ICH BIN in allen seinen Aspekten.

Ebenfalls aus der Transaktionsanalyse stammt die Erkenntnis über „Spiele“ die Menschen in ihren Kommunikationen miteinander (und meist unbewusst) spielen. Das Aufdecken der diesen Kommunikationsspielen zugrundeliegenden Muster befreit uns von diesen Mustern (und den sich daraus ableitenden, und unser Leben bestimmenden „Skripten“).

Inne-Halten *(Transaktionsmuster)*

Zu welchen Rollen und den dazugehörigen Verhaltens- und Kommunikationsmustern tendieren Sie? (Erinnern Sie sich dazu bitte an ein zurückliegendes unvorhergesehenes Ereignis und Ihre spontane Reaktion darauf)

- Ankläger, Täter, Verfolger
- Opfer, Unschuldiger
- Retter, Helfer

Welche spontanen inneren oder geäußerten Reaktionen oder Transaktionen sind typisch für Sie in Alltagssituationen? (Beispiele sind):

- *Ja, aber* ... Dekonstrukteur, alles wird in Frage gestellt
- *Ich tue das doch nur für dich* ... fordernde (scheinbare) Selbstlosigkeit
- *Warum passiert das immer nur mir?* Opfer, sich selbst erfüllende Prophezeiung
- *Schau was du aus mir gemacht hast* ... Opfer und Ankläger
- *Wer ist schuld?* Ankläger
- *Ich kann nichts dafür* ... Unschuldiger

Biografie

Woher kommen diese Strukturen und Haltungen, die wir haben? Sie haben sich, wie so vieles andere auch, im Laufe unseres Lebens entwickelt. Unsere Biografie(n), individuell und kollektiv, sind die erlebte Basis unserer Gegenwart. Die biografische Bewusstwerdung ist ein zentraler Aspekt unserer allgemeinen Bewusstwerdung.

Inne-Halten (Biografie)

Fragen zur Kindheit

1. Ich war der Einzige in der Familie, der immer ...
2. Angenommen, es hätte ein Spruchband über Ihrem Kinderzimmer gegeben – was hätte dort drauf gestanden?
3. Was schien für Sie als Kind als strengstens verboten war?
4. Was ist Ihre früheste Erinnerung?
5. Wie würden Sie Ihre Kindheit beschreiben (schlagwortartig, kurz)?
6. Was war Ihre glücklichste Zeit als Kind?
7. Was ist traurig oder schlimm gewesen für Sie als Kind, und warum?
8. Was war Ihre Lieblingsgeschichte als Kind und warum?
9. Was war Ihr liebstes Spiel und warum?

Fragen zur Biografie

- Wer war die wichtigste weibliche Bezugsperson in den ersten Jahren Ihres Lebens, und wie würden Sie diesen Menschen charakterisieren? Wenn Sie sich jetzt diese Frau vorstellen, wie geht es Ihnen mit ihr?

- Wer war die wichtigste männliche Bezugsperson in den ersten Jahren Ihres Lebens, und wie würden Sie diesen Menschen charakterisieren? Wenn Sie sich jetzt diesen Mann vorstellen, wie geht es Ihnen mit ihm?

- Gehen Sie nacheinander wichtige Bezugspersonen (Liebespartner, Arbeitspartner, Lehrer ...) in Ihrer Vorstellung durch, und beschreiben Sie sie. Wenn Sie sich diese Menschen vorstellen, wie geht es Ihnen mit ihnen?

- Wie waren/sind die Stimmungen (Zeitgeist, Atmosphäre)
  - Ihrer Kindheit?
  - Ihrer Jugend?
  - Ihres Erwachsenenlebens?
  - Der Gegenwart?

- Welche Gebote und Verbote bestimm(t)en diese Lebensabschnitte?

Lebensthemen

Warum bin ich hier? Was ist der Sinn meines Lebens? Wofür (oder wogegen) lebe ich? Das Finden von Sinn und Bedeutung im eigenen Leben ist, neben dem Erwachen zum OFFENSICHTLICHEN, ein Schlüssel für Glück und Zufriedenheit.

Inne-Halten

- Gibt es einen „roten Faden" in Ihrem Leben?
- Gibt es Themen die sich immer wieder zeigen und/oder stellen?
- Ergeben die Ereignisse Ihres Lebens Sinn und Bedeutung?
- Was zeigt sich wiederkehrend in
  - Ihren Träumen?
  - Ihren Begegnungen?
  - Ihrem Alltag?
  - Ihrer Arbeit?
  - Ihren Erlebnissen?

- Für welche Themen und (Lebens-)Geschichten interessieren Sie sich bei der Auswahl von dem was Sie lesen oder sich in den Medien anschauen?

Lebensthemen sind Themen wie im folgenden Assoziationsfeld:

ANGST, AUSDRUCK, BEACHTUNG, BEZIEHUNG, DURCHSETZUNG, EINFLUSS, ENTWICKLUNG, FREIHEIT, KINDER, KRANKHEIT, KREATIVITÄT, HEILSERFAHRUNG, LEHREN, LEID, LERNEN, MACHT, OHNMACHT, SUCHE, SINNFINDUNG, TOD, TRENNUNG, UNABHÄNGIGKEIT, UNFÄLLE

Inne-Halten

- Welche Themen interessieren Sie in Ihrem Leben?
- Können Sie diese in einem Wort benennen, als ein Lebensthema?
- Worauf ist Ihr Interesse gerichtet?
- Welche Filme (mit welchen Grundthemen) schauen Sie sich an?
- Wonach suchen Sie im Internet (und anderswo)?
- Was lesen Sie?
- Warum und wofür (oder für wen) leben Sie?

LASSE DIE SONNE NICHT
ÜBER DEINEN ZORN
UNTERGEHEN ...
ZORN

Hochstapler und Wichtigtuer regen mich furchtbar auf. Überall wo mir diese Leute (und ihr entsprechendes Verhalten) begegnen, hake ich innerlich ein. Meine Gedanken und mein Ärger kreisen um dieses Thema, das mich nicht mehr loslässt. (Oder lasse ich es nicht los?) Ich versuche, andere von der Bedeutung die das Thema für mich hat zu überzeugen. „Finden Sie nicht auch, dass diese Leute …?“

Warum regt mich Hochstapelei, Wichtigtuerei und Angeberei auf (und andere nicht, oder nicht so sehr)? Warum treffe immer ich auf diese Leute?

Es ist eine buchstäblich alte Geschichte, das Gleichnis vom Splitter im Auge des anderen, der mich aufregt, doch in Wahrheit geht es dabei um den Balken im eigenen Auge. Dies ist die Geschichte von Verdrängung und Projektion (oder Verdrängung und Symptomatisierung), als einer der zentralen Psychodynamiken, mit einem enorm verzerrenden Einfluss auf unsere eigene Wahrnehmung. Die Dynamiken unseres Bewusstseins gehören, neben seinen Strukturen, ebenso zu den nicht ganz so offensichtlichen Dingen in uns.

Inne-Halten

- Was sind typische Irritationen Ihres Alltags?
- Was regt Sie auf (welche Eigenschaften an anderen)?
- Was lässt Sie nicht mehr los (Gefühle wie Ärger kommen hoch, Gedankenketten und innerer Dialog verselbstständigen sich)?
- Von welchen Gefühlen und Gedanken werden Sie immer wieder beherrscht?

Die Dinge (im weitesten Sinn) sind nicht so, wie wir sie wahrnehmen. Dies gilt sowohl für unsere Eigenwahrnehmung, für die Wahrnehmung anderer, wie auch für die Wahrnehmung der äußeren Welt. Das Schauen auf die Dinge, aus einer rein phänomenologischen Praxis, öffnet unseren inneren Wahrnehmungsbereich, doch was wir dabei nicht erkennen sind die unzähligen Weisen, wie wir uns über das Wahrgenomme als Wirklichkeit täuschen. Im vorherigen Abschnitt haben wir uns mit unserer Strukturiertheit beschäftigt, als einer Brille durch die wir die „Dinge" sehen und die wir nicht abnehmen können, derer wir uns aber immer bewusster werden können. Eine weitere Brille, neben den Strukturen unseres Bewussteins, sind die Psychodynamiken unseres Bewusstseins. Die zahllosen Inhalte unseres Bewusstseins liegen nicht einfach nur statisch herum und warten darauf, von uns entdeckt zu werden, sondern sie sind in unablässigen Dynamiken ständig miteinander verwoben, und spielen bei der Konstruktion unserer Wirklichkeit eine entscheidende Rolle. Dabei spielt, neben unserer „Psychologie", auch unsere Physiologie eine entscheidende Rolle. Die Entdeckung von optischen Täuschungen vor einiger Zeit öffnete ein Erkenntnisfenster über unsere Wahrnehmung, welches sich seither nicht mehr geschlossen hat, und durch welches wir immer neue Informationen über die Unzulänglichkeiten unserer Wahrnehmung erhalten. Das ist die schlechte Nachricht. Die gute Nachricht ist, wir können uns dieser Unzulänglichkeiten immer bewusster werden.

Die Dynamiken von Verdrängung-und-Projektion (nach außen) und Verdrängung-und-Symptomatisierung (nach innen) gehören zu den zentralen menschlichen Psychodynamiken. Sie haben zu unermesslichem Leid geführt und tun dies weiterhin. Die Bewusstwerdung allein darüber und die Übernahme von Verantwortung für *alle* unsere Bewusstseinsinhalte und Charaktereigenschaften wäre ein Segen für die Menschheit und jeden Einzelnen.

Unser Erkenntnisvermögen wird auch mit dem Begriff „Kognition" bezeichnet, und ein wichtiger Forschungsbereich dazu ist die Entdeckung von kognitiven Verzerrungen [*cognitive biases*]. Hierfür geben wir nachfolgend Beispiele, verbunden mit Einladungen auf Entdeckungsreise zu gehen.

Wir bedienen uns dabei einer Aufzählung aus der englischsprachigen Wikipedia Enzyklopädie. (http://en.wikipedia.org/wiki/List_of_cognitive_biases, Zugriff am 7. Oktober 2012).

Zur besseren Strukturierung wurde die Liste der kognitiven Verzerrungen in Themenschwerpunkte und Fragestellungen gegliedert, um eine grobe Landkarte und einen Spiegel der möglichen eigenen Verzerrungen zu schaffen.

Inne-Halten

Wie ist Ihr persönlicher Zerrspiegel ...

... in der Beurteilung von Wahrgenommenen?

... in Ihrer Eigenwahrnehmung?

... bei Entscheidungssituationen?

... in Beziehungssituationen?

... hinsichtlich Erwartungen?

... in Bezug auf Ihr Verhalten?

Wie gut können Sie die Art der kognitiven Verzerrungen unterscheiden und welcher Verzerrungen sind Sie sich bei sich selbst und bei anderen Menschen bewusst?

Bitte beantworten Sie die Fragen in Bezug auf aktuelle Lebenssituationen aus Ihrem Alltag.

Wahrnehmung und Beurteilung

Hierbei geht es um die Tricks, Aspekte von Wirklichkeit auszublenden und Einschätzungen beispielsweise angenehmer erscheinen zu lassen. Die Kenntnis davon und darüber führt uns zu einer realistischeren Perspektive von dem was ist.

Inne-Halten

- Wann haben Sie sich das letzte Mal hinsichtlich einer Ursache-Wirkung Beziehung geirrt?
- In was für einem Zusammenhang geschah dies?

Aufmerksamkeitsverzerrung – die Tendenz relevante Daten unberücksichtigt zu lassen bei der Beurteilung von Zusammenhängen.

Inne-Halten

Reflektieren Sie bitte eine für Sie sehr komplexe Situation, der Sie gegenüberstanden (oder gegenüberstehen)

- Was löst eine komplexe und unüberschaubare Situation in Ihnen generell aus (angeregt sein, Angst, Initiative, Informationsbeschaffung, Rat einholen, Resignation ...)?
- Wie geht es Ihnen damit, Informationen über einen Sachverhalt einzuholen?
- Wie geht es Ihnen damit, eine Fülle von Informationen zu sichten und zu gewichten?
- Kennen Sie Tendenzen bei sich, Informationen wegzulassen oder gar nicht erst zu beschaffen, und warum Sie das ggf. machen?

Außenstehende-Effekt – die Tendenz die Meinung Dritter als objektiv und ohne Eigenmotive zu betrachten. Auch: Konsultationsparadox – die Schlussfolgerung, dass Lösungsvorschläge von Menschen innerhalb einer Organisation oder Gemeinschaft weniger unterstützt werden als Lösungsvorschläge von professionellen Beratern außerhalb.

Inne-Halten

Wenn Sie in einer Organisation arbeiten oder gearbeitet haben: Vergegenwärtigen Sie sich eine Situation aus Ihrem Berufsalltag bei dem eine externe Firma oder ein externer Berater zur Problemlösung herangezogen wurde. Wie sehr haben Sie bzw. Ihr Vorgesetzter der Arbeit des externen Beraters / der externen Firma vertraut?

Bestätigungsverzerrung – die Tendenz nach Informationen oder Interpretationen zu suchen, welche die eigenen Vorstellungen bestätigen.

Inne-Halten

Kommt Ihnen das bekannt vor?

Falscher Zusammenhang – die irrtümliche Vorstellung einer Ursache-Wirkung Beziehung.

Inne-Halten

- Wann haben Sie sich das letzte Mal hinsichtlich einer Ursache-Wirkung Beziehung geirrt?
- In was für einem Zusammenhang geschah dies?

Geldillusion – die Tendenz sich auf den Nominalwert von Geld zu konzentrieren, anstatt auf die Kaufkraft. (Ein Grund dafür liegt in einer Unterscheidung, die der Entwicklungsforscher Piaget mit den Begriffen „konkret operationales Denken" und „formal operationales Denken" getroffen hat. Der Nominalwert von Geld ist konkret, der Kaufwert formal bzw. abstrakter).

Inne-Halten

Bitte holen Sie sich einen Geldschein und betrachten ihn.

- Was fühlen Sie dabei?
- Welchen Wert hat Geld für Sie?
- Wie viel Kaufkraft hat dieser Geldschein (z. B. in Einheiten von Brot, Mineralwasser, Benzin)?
- Vergleichen Sie Ihre Einschätzungen mit den konkreten aktuellen Preisen

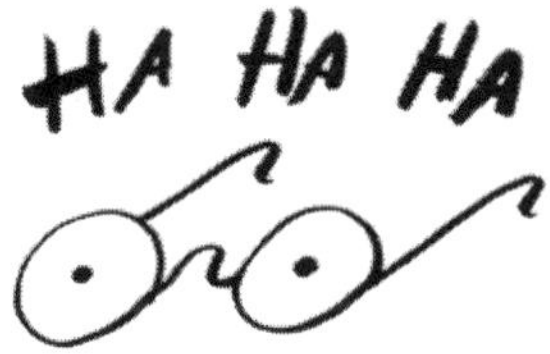

Gerechte-Welt-Phänomen – die Tendenz, unerklärliche Ungerechtigkeiten dadurch zu rechtfertigen, dass nach Dingen gesucht wird, welche die Opfer selbst getan haben um das zu erhalten, was ihnen angetan wurde. („Die Welt ist gerecht und die Menschen bekommen, was sie verdienen“- als eine traditionelle Form von Weltsicht).

Inne-Halten

Wenn Sie Ereignisse betrachten, die in der Welt und um Sie herum geschehen, bei denen Menschen etwas zustößt, hören Sie dann manchmal eine innere Stimme der Art

- Das geschieht denen recht
- … selber Schuld
- Es wird schon einen Grund haben, warum dies geschehen ist …
- Nichts passiert ohne Grund auf der Welt

Kennen Sie das Gefühl von Schadenfreude und wenn ja, wie gehen Sie damit um?

Informationsverzerrung [*Information bias*] – die Tendenz, nach Informationen zu suchen auch wenn diese für eine gegebene Situation keine Bedeutung haben.

Inne-Halten

Erinnern Sie sich bitte an eine Situation, in der Sie sich über etwas informiert haben

- Nach welchen Informationen haben Sie gesucht?
- Welche Relevanz hatten diese Informationen für die Situation?

Nachfolgeeffekt – die Tendenz aktuelle Ereignisse größer zu gewichten als frühere Ereignisse.

Inne-Halten

Wenn Sie sich die Ereignisse Ihres Lebens betrachten, welches Ereignis hatte dabei welches Gewicht?

Pareidolie – ein Stimulus (oft visuell oder akustisch) wird als bedeutend erkannt, z. B. Gesichter in Wolken, der „Mann im Mond", verborgene Botschaften wenn Lieder rückwärts gespielt werden (als eine Variante von Projektionen).

Inne-Halten

- Neigen Sie zu Verschwörungstheorien?
- Neigen Sie zu visuellen Projektionen (wie oben beschrieben)?
- Wenn Sie Eigenschaften bei anderen aufregen, kommen Sie dann manchmal auf die Idee sich zu fragen, ob es sich dabei um verdrängte Eigenschaften Ihrer selbst handeln könnte – und wenn ja wie gehen Sie damit um?

Pessimismusverzerrung – die Tendenz zu einem zu großen Pessimismus, was den Ausgang von Ereignissen angeht.

Inne-Halten

- Halten Sie sich eher für optimistisch oder für pessimistisch?
- Wie werden Sie von anderen diesbezüglich eingeschätzt?
- Sehen Sie Ihr Leben, die Menschen und die Welt eher positiv, neutral oder negativ?

Planungsverzerrung – die Tendenz benötigte Durchführungszeiten zu unterschätzen.

Inne-Halten

Erinnern Sie sich an ein Vorhaben oder Projekt, das Sie geplant haben

- Haben Sie die Zeiten dabei realistisch eingeschätzt?
- Haben Sie die Kosten dabei realistisch eingeschätzt?
- Haben Sie das Verhalten anderer realistisch eingeschätzt?
- Haben Sie die Rahmenbedingungen und Einflussfaktoren realistisch eingeschätzt?
- Haben Sie sich selbst dabei realistisch eingeschätzt?

Rahmen – die Verwendung eines Ansatzes zur Beschreibung einer Situation oder eines Themas, der zu eng gewählt ist.

Inne-Halten

- Welche Modelle waren im Laufe Ihres Lebens wichtig für Sie?
- Nach welchen Vorstellungen und Modellen leben Sie heute?
- Wie festgelegt oder flexibel sind Sie in Ihrer Modellwahl?
- Haben Sie in letzter Zeit erlebt, dass sich die Wirklichkeit anders verhält, als es in Ihren Vorstellungen vorgesehen ist?

Selektive Wahrnehmung – die Tendenz der Wahrnehmungsbeeinflussung durch Erwartungen.

Inne-Halten

- Können Sie Verhaltensweisen an sich beobachten, die darauf angelegt sind, Ihre eigenen Vorstellungen zu bestätigen?
- Können Sie das auch an anderen beobachten?
- Können Sie Verhaltensweisen an sich beobachten, die darauf angelegt sind, Ihre eigenen Vorstellungen zu widerlegen?

Semmelweisreflex – die Tendenz, neue Informationen zurückzuweisen, weil sie ein bestehendes Paradigma gefährden.

Inne-Halten

- Welche Verteidigungstendenzen und Mechanismen können Sie bei sich feststellen, mit denen Sie sich vor Informationen schützen, die Ihre eigenen Vorstellungen in Frage stellen?
- Können Sie diesen Schutzreflex auch bei anderen beobachten?

Überlebensverzerrung – die Tendenz, sich auf Menschen oder Dinge zu konzentrieren die einen Vorgang "überlebt" haben, und alles zu ignorieren, was nicht überlebt hat. (Die Effektivität einer Strategie wird beurteilt mit Blick auf die "Gewinner", ohne Berücksichtigung der "Verlierer".)

Inne-Halten

Inwieweit beurteilen/berücksichtigen/beachten Sie in einer Situation oder einem Ereignis

- Gewinner *und* Verlierer?
- Täter *und* Opfer?
- Überlebende *und* Gestorbene?
- Gewinn *und* Verlust?
- Fortschritt *und* Rückschritt?

Unterlassensverzerrung – die Tendenz schädliche Handlungen oder Aktivitäten als schlimmer oder moralisch verwerflicher zu sehen, als gleichermaßen schädliches Unterlassen oder Inaktivität.

Inne-Halten

Inwieweit sind Sie sich der Alternativen von Tun und Unterlassen (z. B. Reden und Schweigen oder Handeln und Unterlassen) in jedem Augenblick Ihres Lebens bewusst? Wodurch entsteht Ihrer Meinung nach mehr Leid in der Welt - durch Tun oder durch Unterlassen?

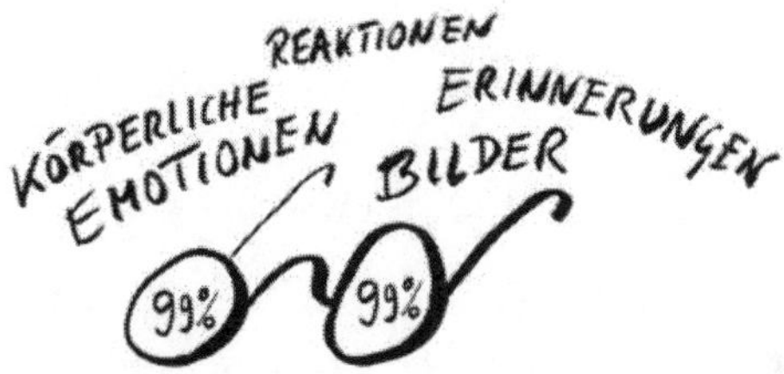

Verfügbarkeitsheuristik – die Einschätzung von Wahrscheinlichkeiten danach, was einem mehr in Erinnerung geblieben ist, was Ereignisse bevorzugt die lebendig, ungewöhnlich und emotional geladen sind.

Inne-Halten

Wenn Sie an frühere Ereignisse denken, was steht dabei im Vordergrund
- Mentale Erinnerungen und Informationen?
- Emotionen?
- Bilder und Eindrücke
- Körperliche Reaktionen?

Selbsteinschätzung

Hierbei geht es um Tricks und Kosmetiken hinsichtlich unserer Eigenwahrnehmung. Ein realistischeres Bild von uns selbst macht es uns leichter uns anzunehmen, und mit uns selbst auszukommen und im Reinen zu sein.

Blinder Fleck – die Tendenz sich selbst als weniger beeinflusst oder verzerrend als andere zu sehen.

Inne-Halten

Reflektieren Sie bitte eine Meinungsverschiedenheit, die Sie hatten, und eine sich daraus ergebende Debatte.

- Waren Sie offen für die andere Meinung?
- Haben Sie sich unvoreingenommen die Argumente der Gegenseite angehört?
- Hatten Sie dabei inneren Abstand zu Ihren eigenen Reaktionen?
- Haben Sie unvoreingenommen Informationen gesammelt, auch wenn diese Ihre Argumentation nicht unterstützen?
- Wie haben Sie auf die Kritik an Ihrer Position reagiert?
- Wie war der Verlauf der Debatte, und wie ist sie ausgegangen?
- Würden Sie diese Debatte im Rahmen eines Sieger/Verlierer Schemas beurteilen, und wenn ja, wer hat gewonnen/verloren?
- Wenn Sie Ihre Debatten der letzten Jahre reflektieren, vor dem Hintergrund der oben erwähnten vier Grundaussagen
  - Ich bin O.K. du bist O.K.
  - Ich bin O.K. du bist nicht O.K.
  - Ich bin nicht O.K. du bist O.K.
  - Ich bin nicht O.K. du bist nicht O.K.

können Sie darin eines der vier Grundmuster als eine Grundhaltung von Ihnen wiedererkennen?

Falsche Erinnerung – die Verwechslung von Vorstellung und Erinnerung, bzw. die Verwechslung von wahren und falschen Erinnerungen.

Inne-Halten

- Haben Sie es schon erlebt, dass Sie Vorstellungen über einen Menschen hatten, die sich dann im konkreten Austausch mit diesem Menschen als falsch erwiesen haben?
- In welche Richtung gingen Ihre (falschen) Vorstellungen?
  - zu optimistisch?
  - zu pessimistisch?
  - zu positiv?
  - zu negativ?
  - … ?

Flexibilitätsverzerrung – die Tendenz sich selbst als flexibel im Hinblick auf die eigene Persönlichkeit, Verhalten und Stimmungen zu sehen, und andere diesbezüglich als vorhersagbar.

Inne-Halten

- Wie frei fühlen Sie sich (innerlich und äußerlich)?
- Wie viel Freiheit gestehen Sie anderen zu?

Forer-Effekt – die Tendenz, Beschreibungen die die eigene Person betreffen, jedoch auf eine große Zahl von Menschen zutreffen, eine hohe Genauigkeit zuzuschreiben (Beispiel: Horoskope).

Inne-Halten

Bitte lesen Sie sich eine Horoskop Aussage für Ihr Sternzeichen durch, und achten Sie dabei auf Ihre Reaktionen.

- Gibt es Ablehnung, Abwehr und Widerstand?
- Halten Sie das für Unfug, was Sie lesen?
- Trifft das auf Sie zu was Sie lesen und können Sie damit in Resonanz gehen?
- Befolgen Sie das, was Ihnen darin empfohlen wird, und halten Sie das für wahr?
- Werden Sie von dem was Sie lesen angeregt, und verwenden Sie es als assoziative Gelegenheit?

Freud'sche Fehlleistung – ein Verhalten (Geste, Sprechen), bei dem die eigentlichen eigenen Absichten offenbar werden (typisch sind Versprecher).

Inne-Halten

- Sind Sie sich Ihrer „Fehlleistungen" in der oben beschriebenen Art bewusst?
- Können Sie aus diesen Fehlleistungen als „Botschaften des Unbewussten" für sich einen Nutzen ziehen?
- Fallen Ihnen diese Fehlleistungen auch bei anderen auf?

Illusorische Überlegenheit – die Überschätzung der eigenen positiven Eigenschaften und die Unterschätzung der eigenen negativen Eigenschaften.

Inne-Halten

- Erstellen Sie eine Liste Ihrer positiven Eigenschaften
- Erstellen Sie eine Liste Ihrer negativen Eigenschaften
- Vergleichen Sie beide Listen nach Inhalt und Umfang miteinander
- Werden Sie sich eines konkreten Kontextes bewusst, unter dem Sie diese Eigenschaften als positiv oder negativ bewerten.

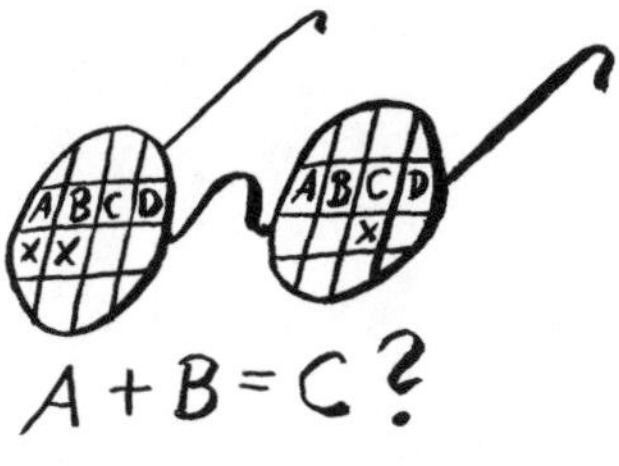

Musterillusionen – die Tendenz, Muster zu erkennen wo es keine gibt (als eine Variante von Projektionen).

Inne-Halten

- Sind Sie ein Mensch, der nach Zusammenhängen und Mustern sucht?
- Können Sie sich vorstellen, dass Dinge einfach so passieren, ohne einen bestimmten Hintergrund und ohne ein bestimmendes Muster oder einen Zusammenhang?
- Wann haben Sie das letzte Mal ein Muster zu erkennen geglaubt, das sich im Nachhinein als nichtexistent herausstellte?

Negativitätsverzerrung – die Tendenz, negativen Erfahrungen mehr Aufmerksamkeit zu geben als anderen Erfahrungen.

Inne-Halten

- Erstellen Sie eine Liste positiver Erfahrungen in Ihrem Leben.
- Erstellen Sie eine Liste negativer Erfahrungen in Ihrem Leben.
- Vergleichen Sie beide Listen nach Umfang und Inhalt.

Selbstdienlichkeitsverzerrung – die Tendenz, sich für Erfolge mehr zuständig zu fühlen als für das Versagen.

Inne-Halten

- Erstellen Sie eine Liste Ihrer Erfolge (reflektieren Sie vorher darüber, was Sie darunter verstehen)
- Erstellen Sie eine Liste Ihres Versagens/Fehlschläge (reflektieren Sie vorher darüber, was Sie darunter verstehen)
- Vergleichen Sie beide Listen nach Umfang und Inhalt

Wunschdenken – die eigenen Überzeugungen und Entscheidungen nach dem auszurichten, was einem gefällt, anstatt nach einer Sachlage oder rationalen Überlegungen.

Inne-Halten

Wie gut gelingt es Ihnen, Wunsch und Wirklichkeit auseinander zuhalten?
Können Sie sich an ein Ereignis erinnern, was Sie diesbezüglich ent-täuscht hat?

Zurückhaltungsverzerrung – die Tendenz, die eigene Fähigkeit zur Zurückhaltung bei Versuchungen zu überschätzen.

Inne-Halten

Wie gut gelingt es Ihnen, sich von etwas zu befreien, was Sie nicht mehr machen möchten?
Was ist für Sie eine Versuchung?
Wie gehen Sie um mit

- Süßigkeiten, Essen, Pornografie, Rauchen, Alkohol, Fernsehen, Internet oder mit einer anderen Art von Versuchung, und den damit in Zusammenhang stehenden innerlich oder äußerlich erlebten Ge- und Verboten, Normen und Regeln?

Entscheidungssituationen

Was sind die psychologischen Mechanismen, mit denen wir uns selbst und andere in Entscheidungssituationen etwas vormachen? Je realistischer wir Entscheidungssituationen beurteilen, einschließlich aller daran Beteiligten, desto weniger werden wir enttäuscht.

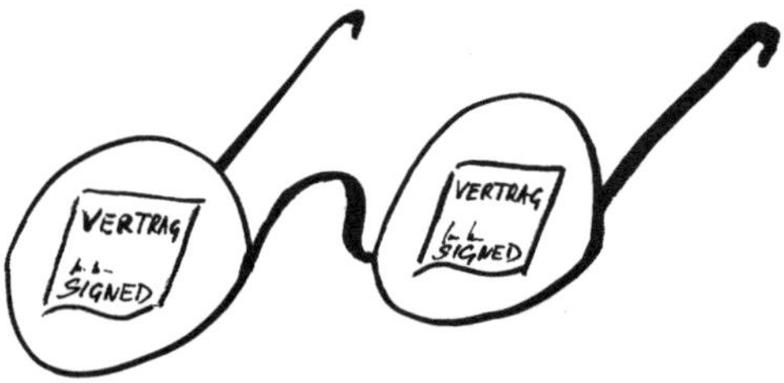

Abschlusseffekt – das Bedürfnis zu einem Abschluss in einer wichtigen Angelegenheit zu kommen und eine Antwort zu haben, um so Gefühle von Zweifel und Unsicherheit zu vermeiden. Ein persönlicher Kontext (Zeit oder sozialer Druck) kann dabei verstärkend wirken.

Inne-Halten

- Können Sie sich an Situationen erinnern, wo Sie vorschnell etwas abgeschlossen haben (ein Gespräch, einen Vertrag, einen Kauf), um Gefühle von Zweifel und Unsicherheit zu vermeiden?

<u>Ankereffekt</u> – die Tendenz, sich bei der Entscheidungsfindung zu sehr auf die Vergangenheit zu verlassen, oder auf Gewohnheiten oder bestimmte Einzelinformationen.

Inne-Halten

Reflektieren Sie bitte eine konkrete Entscheidungssituation

- Auf der Basis welcher Kriterien haben Sie entschieden?
- Welche Rolle spielten dabei Erfahrungen der Vergangenheit?
- Welche Informationen spielten dabei eine Rolle?
- Welche Informationen wurden möglicherweise ausgeblendet?

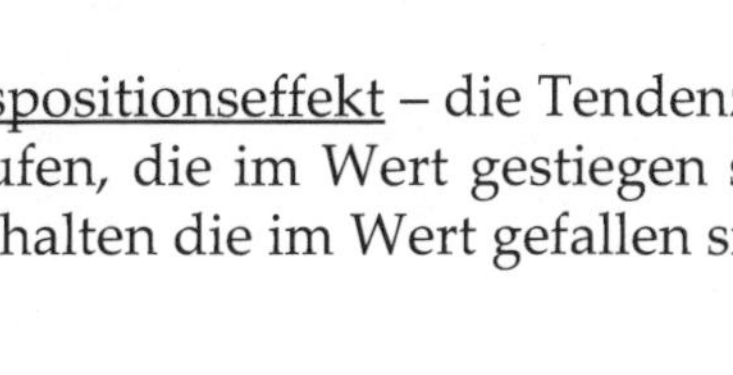

<u>Dispositionseffekt</u> – die Tendenz, Wertpapiere zu verkaufen, die im Wert gestiegen sind und Wertpapiere zu halten die im Wert gefallen sind.

Inne-Halten

Haben Sie schon einmal mit Wertpapieren zu tun gehabt?

- Aus welcher Situation heraus und mit welchen Absichten haben Sie diese gekauft?
- Aus welcher Situation heraus und mit welchen Absichten haben Sie diese verkauft?

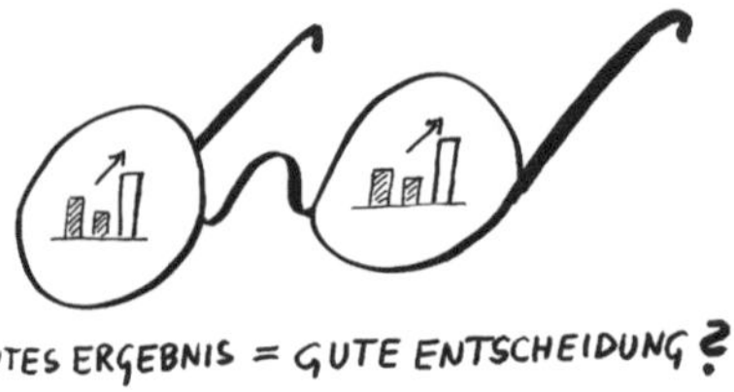

Ergebnisverzerrung – die Tendenz, eine Entscheidung nach ihrem möglichen Ergebnis zu beurteilen, anstatt nach der Qualität der Entscheidung zur Zeit, als sie getroffen wurde.

Inne-Halten

Bitte rufen Sie sich eine Entscheidung, die Sie in Ihrem Leben getroffen haben in Erinnerung?

- Wie geht es Ihnen heute mit dieser Entscheidung?
- Haben Sie das Gefühl, dabei alles richtig gemacht zu haben?
- Wie wäre Ihr Leben verlaufen, wenn Sie diese Entscheidung anders getroffen hätten?

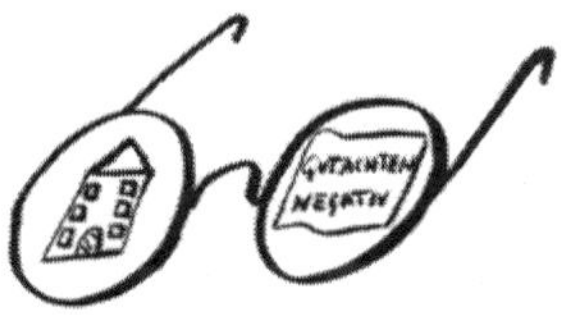

Irrationale Steigerung – das Phänomen, bei dem Menschen mehr Aufwand für eine Entscheidung damit rechtfertigen, dass in diese Entscheidung bereits viel Aufwand hineingesteckt wurde, obwohl neue Daten nahe legen, dass die Entscheidung wahrscheinlich falsch war.

Inne-Halten

- Wie geht es Ihnen damit, Entscheidungen, die Ihnen wichtig sind, und in die Sie viel investiert haben zu korrigieren?
- Wie geht es Ihnen damit, Vorhaben, die Ihnen wichtig sind, und in die Sie viel investiert haben loszulassen, wenn Sie das Gefühl haben, dass sie auf einem falschen Weg sind?
- Können Sie sich an Ihre letzte Loslasserfahrung dieser Art erinnern?

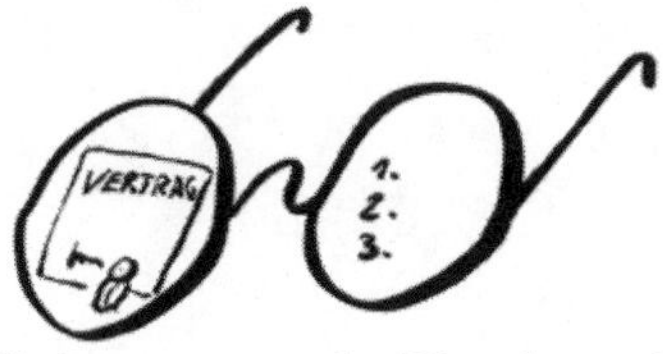

Rationalisierung nach Kaufentscheidung – die Tendenz, sich nach einem Kaufentscheid mit rationalen Argumenten von der Richtigkeit des Kaufes zu überzeugen.

Inne-Halten

Bitte rufen Sie sich einen größeren Kaufentscheid in Erinnerung.

- Wie ging es Ihnen in der Zeit danach?
- Kamen Zweifel und Unsicherheit?
- Haben Sie sich durch eine innere und/oder äußere Argumentation für Ihre Kaufentscheidung beruhigt?

Verankerung – die allgemeine menschliche Tendenz, bei einer Entscheidung zu sehr in einer Denkgewohnheit oder einer Information zu ‚verankert' zu sein. Dies ist auch eine Form psychologischer Strukturiertheit.

Inne-Halten

- Können Sie zwischen grundlegenden Prinzipien, Charakter und starren Denkgewohnheiten bei sich unterscheiden?
- Was sind für Sie unverrückbare Prinzipien?
- Wo sind Sie flexibel und lassen mit sich reden?
- Gibt es Informationen und Aussagen an denen Sie (sich) festhalten, und auf die Sie immer wieder zurückkommen?

Wahrscheinlichkeitsverleugnung – die Tendenz, Wahrscheinlichkeiten ganz außer acht zu lassen bei Entscheidungen in Unsicherheitssituationen.

Inne-Halten

Welche Rolle spielen für Sie Wahrscheinlichkeiten?

- „ich halte nichts von Statistik"
- „ich nutze sie als eine von vielen Informationsquellen"
- „ich orientiere mich stark daran"

Beziehungssituationen

In Beziehungen kommen wir schnell an unsere Grenzen, und das bedeutet oft einen Verlust an Objektivität uns selbst, dem anderen und einer Situation gegenüber. Auch und gerade unser Leben-in-Beziehungen lädt uns dazu ein, genauer hinzuschauen und hineinzufühlen.

Autoritätsverzerrung – die Tendenz, ein vieldeutiges Ereignis (z. B. eine künstlerische Darbietung) nach der Meinung von jemandem zu beurteilen, der oder die darin als eine Autorität gilt.

Inne-Halten

- Was assoziieren Sie mit dem Begriff „Experte" oder „Expertin"?
- Was assoziieren Sie mit dem Begriff „Autorität"?
- Empfinden Sie sich selbst als Experten oder Autorität, und wenn ja auf welchen Gebieten?
- Wann und in welchem Zusammenhang haben Sie zum letzten Mal einen Experten konsultiert?
- Gibt es Menschen, deren Aussagen Sie „unbesehen" übernehmen würden?

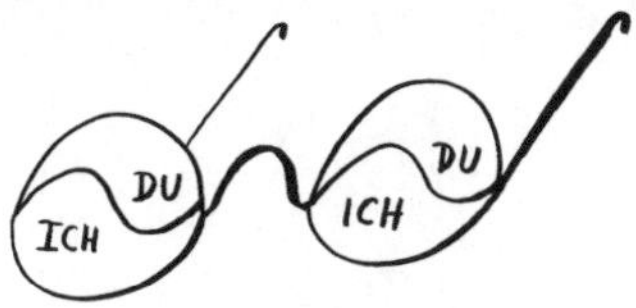

Falscher Konsens Effekt – die Tendenz, mehr Übereinstimmung mit anderen anzunehmen als tatsächlich besteht.

Inne-Halten

- Wann haben Sie das letzte Mal eine Enttäuschung erlebt, als sich eine angenommene Übereinstimmung im Nachhinein als falsch herausstellte?
- Passiert Ihnen das öfter?
- Könnte es sein, dass Sie aus einem Bedürfnis nach Übereinstimmung und Harmonie heraus sich mehr Gemeinsamkeit wünschen und vorstellen als tatsächlich vorhanden ist?
- Wann haben Sie das letzte Mal eine Überraschung erlebt, als sich ein angenommener Konflikt in Luft auflöste?
- Passiert Ihnen das öfter?
- Könnte es sein, dass Sie aus einem Bedürfnis nach Reibung und Widerstand sich mehr Konflikt wünschen und vorstellen als tatsächlich vorhanden ist?

Gruppeneffekt – die Tendenz, Dinge zu tun oder zu glauben, weil viele andere sie auch tun oder glauben. Dies ist verwandt mit Gruppendenken und der Herdenmentalität (als einer Bewusstseinsstruktur, die Entwicklungsforscher mit Worten wie „konformistisch" beschreiben.)

Inne-Halten

Stellen Sie sich bitte eine Gemeinschaft vor in der Sie Mitglied sind

- Wie geht es Ihnen damit, ein Mitglied in dieser Gemeinschaft zu sein?
- Welchen Wert haben Austausch, Miteinander und Solidarität für Sie?
- Haben Sie das Gefühl, dass Sie Ihre Individualität dort angemessen zum Ausdruck bringen können?
- Haben Sie das Gefühl,
  - von dieser Gemeinschaft mehr zu bekommen, als Sie geben
  - mehr zu geben, als Sie selbst bekommen
  - dass Geben und Nehmen in einem guten Ausgleich sind?
- Kennen Sie das Gefühl von sozialen Druck oder Zwang in dieser Gemeinschaft?
- Was bedeutet „Konformismus" für Sie?
- Welchen Stellenwert hat für Sie Autonomie?

Handelnder-Beobachter Verzerrung – die Tendenz, bei der Einschätzung des Verhaltens anderer den Einfluss ihrer Persönlichkeit zu überschätzen und den Einfluss ihrer Situation zu unterschätzen. Dies kehrt sich um bei einer Selbsteinschätzung unseres Verhaltens: Dort überschätzen wir eher den Einfluss der Umstände, und unterschätzen den Einfluss unserer Persönlichkeit.

Inne-Halten

- Wo sehen Sie sich selbst auf einer Skala von „ich bin zu 100% Schmied meines Glückes und kann meine Lebensumstände frei gestalten" bis zu „Ich bin ein Opfer der Umstände"?
- Wo sehen Sie andere Menschen auf der gleichen Skala?

Hawthorne-Effekt – die Tendenz, sich anders wahrzunehmen oder zu verhalten, wenn man weiß, dass man beobachtet wird.

Inne-Halten

Erinnern Sie sich bitte an eine Situation, wo Sie unter Beobachtung standen (z. B. in einer Öffentlichkeit, beim Einschalten eines Mikrofons oder einer Kamera):

- Was hat sich dabei in Ihrem Erleben geändert?
- Was hat sich dabei in Ihrem Verhalten geändert?

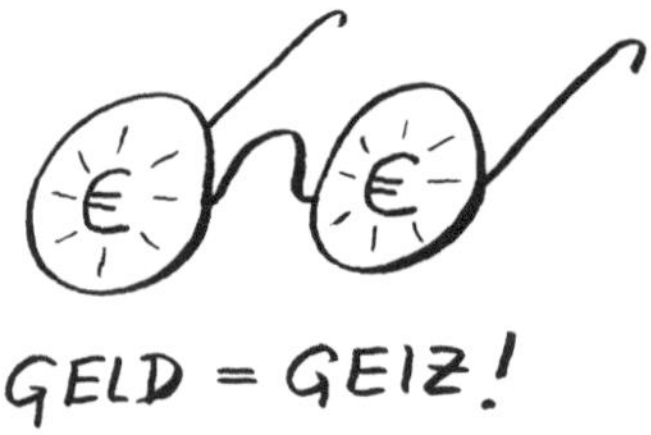

Hergebeneffekt – die Tatsache, dass Menschen oft sehr viel mehr verlangen, um etwas herzugeben, als sie bereit wären zu bezahlen um das gleiche zu erlangen.

Inne-Halten

- Welchen Wert hat für Sie Ihre Arbeit, die Sie leisten?
- Wenn Sie einer bezahlten Arbeit nachgehen, wie hoch ist Ihr Stundenlohn?
- Wenn Sie einer nicht-bezahlten Arbeit (wie Kindererziehung) nachgehen, wie hoch würden Sie Ihren Stundenlohn ansetzen?
- Wenn Sie etwas einkaufen, berücksichtigen (und würdigen) Sie dabei auch die Arbeit, die andere in dieses Produkt gesteckt haben, und spielt eine gerechte Entlohnung dabei für Sie eine Rolle?
- Was bedeutet für Sie „Geiz ist geil"?

Illusion der Asymmetrie – Menschen glauben mehr über andere zu wissen, als diese anderen über sie wissen.

Inne-Halten

Stellen Sie sich bitte einen Menschen vor mit dem Sie in Beziehung stehen:

- Was, glauben Sie, wissen Sie über diesen Menschen?
- Was, glauben Sie, weiß dieser Mensch über Sie?
- Wie verhält sich dieses Wissen zueinander (größer, kleiner, gleich)?

Ingroup-Verzerrung – die Tendenz, Menschen eine bevorzugte Behandlung zu geben, die als Mitglieder einer Gruppe, der man selbst angehört, betrachtet werden.

Inne-Halten

- Bitte nehmen Sie sich ein großes Blatt Papier und malen sich selbst als einen Punkt in die Mitte. Ziehen Sie nun konzentrische Kreise um diesen Mittelpunkt, und tragen Sie dann Menschen (oder Tiere, oder Pflanzen, oder andere Wesen) Ihres Lebens auf das Blatt ein, entsprechend der Nähe oder Ferne, die diese Menschen/Wesen zu Ihnen haben.
- Reflektieren Sie nun darüber, wie Sie mit diesen Menschen/Wesen jeweils umgehen.
- Machen Sie die gleiche Übung auch für die materiellen Dinge Ihres Lebens.

Stereotyping – die Zuschreibung von Charakteristiken zu einem Menschen aufgrund seiner Zugehörigkeit zu einer Kultur/Gruppe. Zuschreibungsfehler – die Zuschreibung von Eigenschaften einer Gruppe aufgrund von Erfahrungen mit einem Mitglied dieser Gruppe.

Inne-Halten

- Kennen Sie die Tendenz in sich, aufgrund von allgemeinen Merkmalen einer sozialen Gruppe z.B. „ ... die Ausländer ...“ auf ein einzelnes Individuum zu schließen?
- Kennen Sie die Tendenz, aufgrund der Eigenschaften eines Individuums (z. B. eines Ausländers) pauschal auf eine ganze Gruppe zu schließen (... alle Ausländer ...)?

Erwartungen

Erwartungen sind ein wesentlicher Bestandteil unseres Lebens, als Projektionen in die Zukunft. Erwartungen sind jedoch auch eine Quelle von Enttäuschungen wenn sich die Dinge anders entwickeln als erwartet. Das Bewusstsein für die folgenden Dynamiken hilft uns dabei, Ent-täuschungen zu vermeiden.

Extremeffekt – die Tendenz der Erwartung extremer Ereignisse und Verläufe.

Inne-Halten

Sind Sie auf der Suche nach extremen Ereignissen und Entwicklungen?
- Wenn Sie Nachrichten hören?
- Wenn Sie fernsehen?
- Wenn Sie im Internet surfen?
- Wenn Sie sich mit anderen unterhalten?
  - Wie oft hören/sehen Sie Nachrichten?
  - Werden Sie von Katastrophenmeldungen angezogen?
  - Wenn Sie eine Formulierung hören wie „... es wird befürchtet, dass dies erst der Anfang einer schwierigen Entwicklung ist ...", was empfinden Sie dabei?
  - Wenn Sie eine Formulierung hören wie „... noch einmal gerade an einer Katastrophe vorbeigeschliddert ...", was empfinden Sie dabei?

Im Nachhinein Verzerrung – manchmal auch "ich-habe es schon immer gewusst"-Effekt genannt, ist die Tendenz, vergangene Ereignisse als vorhersehbar zu sehen.

Inne-Halten

Wie oft sagen Sie Sätze wie

- „… das war doch klar …"
- „ … das habe ich von Anfang an gewusst"
- „ … das war absolut vorhersehbar …"

(oder hören diese Sätze in sich)?

Projektionsverzerrung – die Tendenz, unbewusst anzunehmen, dass andere die eigenen emotionalen Zustände und Werte teilen. (Dies ist auf einer Entwicklungsstufe, auf welcher ein Mensch noch nicht in der Lage ist, die Perspektiven anderer einnehmen zu können, der „Normalzustand").

Inne-Halten

- Wie weit können Sie die Perspektiven anderer einnehmen?
- Wie weit können Sie sich in die Gedankenwelt eines anderen Menschen hineindenken?
- Wie weit können Sie sich in das Gefühlsleben eines anderen Menschen einfühlen?
- Haben Sie das Gefühl einschätzen zu können, ob andere Menschen sich in Ihre Gedanken- und Gefühlswelt einfühlen können?

Halo-Effekt – die Tendenz, von bekannten Eigenschaften einer Person auf unbekannte Eigenschaften zu schließen und dadurch alles an einem Menschen zu mögen (oder nicht zu mögen).

Inne-Halten

Bitte stellen Sie sich Personen vor mit denen Sie in enger Beziehung sind.

Haben Sie bereits die Erfahrung gemacht, dass Sie Menschen aufgrund ihres ersten Eindrucks, (bedingt durch ihre Anfangsleistung oder durch ihre Attraktivität und Sympathie beim ersten Kennenlernen) einen Vertrauensbonus und in anderen Bereichen positive Eigenschaften zugeschrieben haben, die Ihnen zu diesem Zeitpunkt unbekannt waren?

Damit verbunden ist auch der Effekt dass die ersten Merkmale in einer Liste die Bedeutung der später auftauchenden Merkmale verändern.

Inne-Halten *(inspiriert von Daniel Kahneman im Buch „Schnelles Denken, Langsames Denken“)*

Wen finden Sie spontan sympathischer?

Person A: intelligent –fleißig –impulsiv – kritisch – eigensinnig - neidisch

Person B: neidisch – eigensinnig – kritisch – impulsiv –fleißig - intelligent

Bitte reflektieren Sie Ihre Antwort.

Pseudosicherheitseffekt – die Tendenz Entscheidungen risikovermeidend zu treffen wenn der erwartete Ausgang positiv ist, und risikobereite Entscheidungen zu treffen wenn ein negatives Ergebnis erwartet wird.

Inne-Halten

Erinnern Sie sich bitte an eine Entscheidungssituation. Welche Rolle spielten dabei Ihre Erwartungen bezüglich des Ausgangs?

Verhalten

Unser Verhalten in Wort und Ausdruck kommt aus unserem Inneren. Die folgenden Beispiele können uns zu mehr Klarheit führen.

Selbsterfüllende Prophezeihung – die Tendenz ein Verhalten an den Tag zu legen das (bewusst oder nicht) eigene Einstellungen bestätigt.

Inne-Halten

- Können Sie Verhaltensweisen an sich beobachten, die darauf angelegt sind, Ihre eigenen Vorstellungen zu bestätigen?
- Können Sie das auch an anderen beobachten?
- Können Sie Verhaltensweisen an sich beobachten, die darauf angelegt sind, Ihre eigenen Vorstellungen zu widerlegen?

Spielerfehler – die Tendenz zu glauben, dass zukünftige Wahrscheinlichkeiten durch vergangen Ereignisse geändert werden.

Inne-Halten

- Haben Sie in Spielsituationen (wie z. B. Roulette, Würfeln oder einer Pechsträhne in einem Spiel) schon erlebt, wie Sie das Eintreffen zukünftiger Ereignisse nach vergangenen Ereignissen kalkulieren?
- Sind Sie ein Mensch, der „immer auf die Füße fällt" oder an dem „das Pech klebt"?

Status-quo-Verzerrung – die Tendenz, die Dinge so belassen zu wollen wie sie sind.

Inne-Halten

- Für wie konservativ (oder bewahrend) halten Sie sich, und was bedeutet das für Sie?
- Können Sie sich an eine Situation erinnern, in der es Ihnen wichtig war, die Dinge so zu lassen, wie sie sind?

- Für wie fortschrittlich (progressiv) halten Sie sich, und was bedeutet das für Sie?
- Können Sie sich an eine Situation erinnern, in der es Ihnen wichtig war, dass sich etwas ändert?

Es ist eine ganze Menge, was die Psychologie im Hinblick auf unsere Wahrnehmungsverzerrungen herausgefunden hat, und es ist wahrscheinlich nur ein kleiner Teil dessen was tatsächlich in jedem Wahrnehmungsaugenblick geschieht, als die sprichwörtliche „Spitze eines Eisberges". Und all dies geschieht, ohne dass wir es bei der Hinwendung zur Totalität unserer Wahrnehmung (Abschnitt 1) und unseres Gewahrseins entdecken, und gehört damit auch zu den nicht ganz so offensichtlichen Dingen unseres Lebens. Weder die in dem vorherigen Abschnitt beschriebenen Strukturen unseres Bewusstseins noch die in diesem Abschnitt beschriebenen Dynamiken unseres Bewusstseins sind einer direkten Beobachtung (oder Introspektion) zugänglich. Doch wir können uns, wie wir das jetzt tun, ein Wissen und Verständnis davon verschaffen, und dieses Wissen ist dann „abrufbar" in unserem Wahrnehmungsraum verfügbar, so dass wir jederzeit und in jedem Wahrnehmungsaugenblick darauf zurückgreifen können. Dieses Wissen hilft uns, das was wir wahrnehmen besser und angemessener zu verstehen, und auch unsere Beschränkungen, Interpretationen und Verzerrungen zumindest ein Stück weit zu erkennen.

Meta-Brille

Lesen Sie die obige Liste noch einmal durch oder treffen Sie eine Zufallsauswahl, und achten Sie auf Ihre Reaktionen dabei wie z. B.:

angenehm – neutral – unangenehm

Setzen Sie die Begriffe (und die dazugehörigen Wahrnehmungsmechanismen) in Bezug zu sich und Ihrem Leben.

Inne-Halten

Können Sie in Bezug auf Ihre Reaktionen ein Muster wahrnehmen und erkennen?

Reaktionsmuster könnten beispielsweise sein:
Abwehr: Was soll denn das? Was geht mich das alles an?

Distanzierung: Wie interessant das alles ist (ohne mich aber zu betreffen!)

Rationalisierung: Welche wissenschaftlichen Modelle gibt es dazu? Ist das auch gut genug erforscht? Was kann ich daraus für mich ableiten?

Belustigung: Wie? Ist das Ihr Ernst? Welche Zumutung!

Überforderung: Oh! Das ist mir jetzt zu viel! Ich brauche jetzt meine Ruhe.

Bitte spüren Sie in sich hinein ob Sie ein ausgeprägtes Reaktionsmuster im Umgang mit fordernden, schwierigen Themen bei sich beobachten. Wie gehen Sie mit diesen Reaktionsmustern um?

Stimmen und Urbilder als innere Phänomene

Eine Urlaubsreise geht zu Ende. Wie kurze Filmsequenzen kommen mir immer wieder Erinnerungen an Begegnungen und Gespräche in den Kopf und manche Dialoge führe ich innerlich wie mit Stimmen noch weiter …

Inne-Halten

Gibt es Inhalte Ihres Bewusstseins die den Charakter von Stimmen haben, und in Ihnen zu sprechen scheinen und auf diese Weise besondere Perspektiven und Dynamiken der Wahrnehmung beschreiben?

Wenn ja, können Sie diese Stimmen in ihrer Charakteristik benennen?

Assoziationsfeld zu Stimmen und Urbildern des Unbewussten:

DER KRITIKER, DIE TRÄUMERIN, DER MACHER, DER BOSS, DAS VERLETZTE KIND, DAS VERSPIELTE KIND, DAS TROTZIGE KIND, DIE LIEBEVOLLE MUTTER, DIE BELEIDIGTE, DER WÜTENDE, DIE OHNMÄCHTIGE, DER BESCHÜTZER, DIE UNVERSÖHNLICHE, DER ÄRGERLICHE, DIE ÄNGSTLICHE, DER RICHTER, DIE DOZENTIN, DER ÜBERHEBLICHE, DIE CONTROLLERIN, DIE GROẞHERZIGE, DER RATIONALISIERENDE, DIE SUCHENDE , DER WEISE ...

Welche Stimmen sprechen in Ihnen, und wie ist die Dynamik der Stimmen untereinander?

Wie fühlt es sich für Sie an, diese Stimmen zu haben?

Können Sie aufgrund Ihrer Biografie bei manchen Stimmen erkennen, wo diese herkommen (welche Menschen ihres Lebens haben so gesprochen)?

Ein Seminar geht seinem Ende entgegen, es läuft gut, und ich bin guter Stimmung. Am Vorabend des letzten Seminartages springt das Auto nicht an. Folgende Stimmen melden sich wie folgt:

Das Opfer (mit einem Gefühl von Hilflosigkeit)

- warum muss mir das passieren?
- ... ist Schuld
- warum mussten wir unbedingt hierher an diesen Seminarort fahren?

Der Macher (mit Gefühlen von Initiativkraft und Bedeutung)

- was sind die Fakten/Sachstand?
- Welche Lösungsmöglichkeiten gibt es?
- Lösungspläne A, B, C ...

Trotziges Kind (mit Gefühlen von Trotz und Widerstand)
– ich mag nicht mehr ...
– ich will nicht ...
– ... dann eben nicht

Die Angst (mit Gefühlen von Angst und Ohnmacht)
– ich kenne mich beim Auto nicht aus
– der Zeitplan ist dahin
–was mag das alles kosten ...
–wie komme ich wieder nach Hause?

Inne-Halten

Nutzen Sie die Gelegenheit unvorhergesehener Ereignisse in Ihrem Leben, um die sonst meist verborgene Dynamik Ihrer inneren Stimmen (als Ausdruck von verschiedenen Persönlichkeitsanteilen) zu verfolgen?

ICH

BIN

DER VATER	STÄRKE
DIE MUTTER	LIEBE
DER LEHRER	WEISHEIT
DIE SUCHENDE	INTUITION
DER MACHER	INSPIRATION
DIE KRITIKERIN	KLARHEIT
DER HELD	BEGEISTERUNG
DIE LIEBENDE	MITGEFÜHL
DER BESCHÜTZER	SICHERHEIT
DAS KIND...	VERTRAUEN...
... IN MIR	... JETZT

Inne-Halten

Bitte stellen Sie sich jetzt eine konkrete Situation aus Ihrem Alltag vor.

Spüren Sie ganz bewusst in diese Situation hinein und stellen Sie sich die Frage, wer in Ihnen jetzt gerade Ihre Wahrnehmung bestimmt und Ihre ganz Aufmerksamkeit haben möchte.

Welcher Persönlichkeitsanteil ist gerade in Ihnen laut und dominant?

Wer ist es in Ihnen, die oder der sich jetzt wertgeschätzt, verletzt, unterstützt, angegriffen, gelobt, gehasst, geliebt ... fühlt?

Welchen Namen würden Sie dieser Stimme geben?

Versuchen Sie jetzt einen wertschätzenden Dialog mit einer Stimme Ihrer Wahl zu führen.

Inne-Halten

Bitte schicken Sie JETZT bewusst so viel Mitgefühl wie möglich an Ihren dominanten Persönlichkeitsanteil und spüren Sie in diese Beziehung des Mitgefühls hinein.

Beobachten Sie einige Augenblicke, wie Ihre dominante innere Stimme darauf reagiert und wie sich dieser Persönlichkeitsanteil vielleicht verwandelt. (Die Konzentration auf das eigene Ein- und Ausatmen kann unterstützend sein, um die Spannung des Beobachtens zu halten)

Versuchen Sie nicht, diese Wandlung herbeizuführen oder sich etwas als Gegenleistung für Ihre innere Zuwendung zu erwarten, sondern senden Sie einfach diese Impulse des Mitgefühls aus und spüren Sie dabei mit allen Sinnen in Ihr Innen Leben hinein.

Experimentieren Sie bitte mit dieser Übung in verschiedenen Situationen des Alltags.

Die Welt als assoziativer, suggestiver und projektiver Spiegel

Jede Wahrnehmung ist auch eine Reaktion auf innere und äußere Wahrnehmungen und Ereignisse. Etwas löst etwas in mir aus.

Ich verbinde – assoziativ – etwas mit etwas anderem im Akt der Wahrnehmung.

Die Wahrnehmung legt mir – suggestiv – etwas nahe.

Ich füge dem Wahrgenommenen etwas – projektiv – hinzu.

Wahrnehmung und innere Reaktion treten in eine dynamische Wechselwirkung miteinander, zu einer eigenen und unverwechselbaren Psychodynamik – zu Ihrer Psychodynamik.

Vielem davon sind wir uns nicht bewusst. Die Entdeckungsreise ins Innenleben kann uns einiges davon bewusst machen.

Ein Beispiel zum Analysieren, Heraus-interpretieren oder Hineinprojizieren

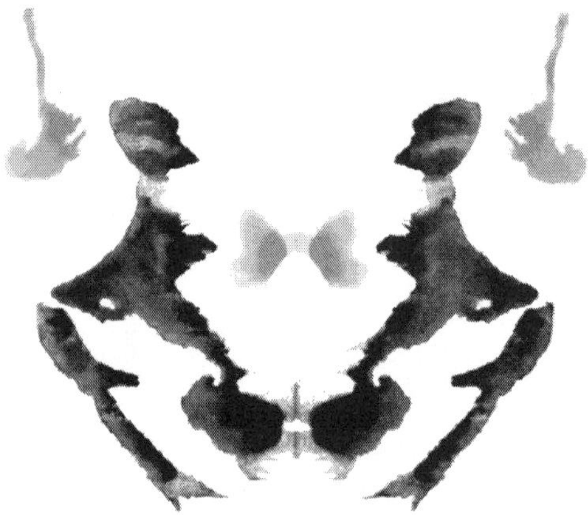

(Bildquelle: http://commons.wikimedia.org/wiki/ File:Rorschach_blot_03.jpg Zugriff 19.9.2013)

Inne-Halten

Nehmen Sie sich einen Betrachtungsgegenstand wie das obige Bild, oder irgendeinen anderen äußeren Wahrnehmungsgegenstand, und betrachten Sie ihn

a) so objektiv wie möglich, d. h. Sie enthalten sich dabei so weit möglich jeglicher Assoziationen und Interpretation
b) so subjektiv wie möglich, d. h. Sie lassen Ihren Assoziationen, Suggestionen und Projektionen freien Lauf

Achten Sie so oft sie möchten auf ihre eigene Psychodynamik. Sie können sich in jedem Wahrnehmungsaugenblick fragen:

– was ist daran objektiv (und würden andere genau so sehen/erleben/beschreiben?)

– Was ist subjektiv (und kommt dabei „expressionistisch" aus mir?)

– Wie verändert mein Vorgang der Wahrnehmung das Wahrgenommene?

– Wie verändert das Wahrgenommene mich im Vorgang meiner Wahrnehmung?

Aus den unterschiedlichsten Gründen (meist sind es schmerzhafte Erfahrungen) schieben wir im Laufe unseres Lebens Anteile von uns selbst aus unserem Bewusstsein heraus in das Unbewusste. Dabei kann es sich sowohl um Verdrängung von positiven Aspekten („meine leuchtenden Seiten", „mein Licht") wie von negativen Aspekten („mein Schatten") handeln.

Verwandlung und Re-Integration geschieht durch Anerkennen (d.h. durch eine Re-Identifikation mit abgespaltenen Anteilen), durch In-Beziehung-Treten und Annehmen bzw. Loslassen. Der in den nachstehenden Übungen aufgezeigte Weg führt von einer Beschreibung der Projektion als Phänomen im Außen (Externalisierung durch Beschreibung aus der „Es-Perspektive"), über ein In-Beziehung-Treten (durch eine dialogische Beschreibung aus der „Du-Perspektive") bis zum Öffnung und Annehmen (durch Identifikation in einer „Ich-Perspektive").

Inne-Halten *(„Schatten"-Integrationsübung, inspiriert durch die von Ken Wilber und anderen entwickelte 3-2-1 Praxis)*

Erinnern Sie sich an eine Person aus dem Alltag mit der Sie durch schwierige Emotionen verbunden sind (wie Ärger, Unversöhnlichkeit, Wut oder Ablehnung)

- Beschreiben Sie diese Person und ihre Eigenschaften in der dritten Person (Es-Sprache) und lassen Sie dabei alle Emotionen zu die hochkommen („Er macht immer …", „… sie sollte endlich …"). (Sie können die Wirkung der Übung noch intensivieren, indem Sie die Situation aufschreiben oder auch malen oder einen Gegenstand aus Ihrer Umgebung auswählen, der stellvertretend für diese Person steht.)
- Beginnen Sie nun mit dieser Person einen inneren Dialog. Sie können dazu auch zwei Stühle verwenden, auf denen Sie hin- und herwechseln. Erlauben Sie sich dabei wieder alle Emotionen, die in Ihnen hochkommen.
- In einem weiteren Schritt formulieren Sie die Eigenschaften dieser Person die Sie am meisten stören/ärgern, und probieren Sie aus, wie es sich anfühlt, wenn Sie innerlich dazu sagen „Dies habe ich auch", oder „Das könnte auch ein Teil von mir sein."

Inne-Halten *(„Licht"-Integrationsübung)*

Erinnern Sie sich an eine Person aus dem Alltag, die Sie bewundern, und mit der Sie durch positive Emotionen verbunden sind (Bewunderung, Wertschätzung)

- Beschreiben Sie diese Person und ihre Eigenschaften in der dritten Person (Es-Sprache) und lassen Sie dabei alle Emotionen zu die hochkommen („Er ist …", „… sie kann …"). (Sie können die Wirkung der Übung noch intensivieren, indem Sie die Situation aufschreiben oder auch malen oder einen Gegenstand aus Ihrer Umgebung auswählen, der stellvertretend für diese Person steht.)
- Beginnen Sie nun mit dieser Person einen inneren Dialog. Sie können dazu auch zwei Stühle verwenden, auf denen Sie hin- und herwechseln. Erlauben Sie sich dabei wieder alle Emotionen, die in Ihnen hochkommen.
- In einem weiteren Schritt formulieren Sie die Eigenschaften dieser Person die sie am meisten bewundern, und probieren Sie aus wie es sich anfühlt, wenn sie innerlich dazu sagen „Dies habe ich auch", oder „Das könnte auch ein Teil von mir sein."

Körperübung „Autopoietischer Licht-Schatten Tanz“

Erinnern Sie sich bitte noch einmal an eine Situation und Person aus dem Alltag, bei der Sie intensive Emotionen verspüren.

Nehmen Sie jetzt bitte den mit negativen Emotionen verknüpften „personalen Schattenanteil“ (wenn Sie möchten dissoziiert mit Hilfe eines symbolischen Gegenstands) in die eine Hand und reflektieren Sie die Beziehung zu diesem Anteil für ein paar Augenblicke. Probieren Sie aus wie es sich anfühlt mit Distanz und Nähe zu spielen und dann zu sagen „das könnte ein Teil von mir sein“. Atmen Sie dabei ein was Ihnen gut tut und atmen Sie aus was Sie nicht brauchen können.

Wiederholen Sie jetzt die Übung mit dem „personalen Lichtanteil“ mit der anderen Hand.

Erinnern Sie sich bitte zunächst an eine Situation und Person aus dem Alltag, bei der Sie positive Emotionen fühlen. Spüren Sie hinein in die Beziehung zu diesem „personalen Lichtanteil“ und probieren Sie wieder aus wie es sich anfühlt mit Distanz und Nähe zu spielen und dann zu sagen „das könnte ein Teil von mir sein“. Atmen Sie dabei ein was Ihnen gut tut und atmen Sie aus was Sie nicht brauchen können.

Schließen Sie jetzt bitte die Augen und probieren Sie aus, wie es sich anfühlt wenn Sie beide Hände sehr nahe zusammenführen und danach Ihre Wahrnehmungsfokussierung auf das Fliessen von einer Hand in die andere Hand richten.

Lassen Sie jetzt Ihre Hände, wenn Sie möchten (und ausreichend Platz und Ruhe haben) frei Ihren inneren Bewegungsimpulsen folgen. Lassen Sie auch Ihre Arme, Ihren Kopf, Ihre Beine und Ihren ganzen Körper frei nach den inneren Impulsen bewegen, bis daraus eine fließende Bewegung eines Tanzes entsteht. Wie auch immer die Bewegung aussehen mag, ist in Ordnung. Spüren Sie einfach hinein und lassen Sie für ein paar Augenblicke zu, dass sich Ihr Körper von selbst organisiert.

Das Bewusste und das Unbewusste

Machen wir uns noch einmal die Bedeutung dessen klar worum es hier geht. Eine der ganz großen Entdeckungen der Menschheit ist die Entdeckung des Unbewussten. Dies erscheint erst einmal als ein Widerspruch in sich. Wie kann man etwas entdecken, das per Definition nicht bewusst ist – weil es unbewusst ist? Man kann es – und das ist die große Entdeckung – bewusst machen, und damit ist es nicht mehr unbewusst, jedenfalls nicht für diejenigen die es sich bewusst gemacht haben. In diesem Buch sind wir der Spur des Unbewussten auf der Innenseite gefolgt, auf der Seite unseres Bewusstseins. Wir haben dazu eingeladen, uns mit den Inhalten unseres Bewusstseins, mit den Strukturen unseres Bewusstseins und mit den Dynamiken unseres Bewusstseins zu beschäftigen. Damit haben wir ein klein wenig an der Oberfläche dessen gekratzt, was als ein riesiges unentdecktes Land in uns allen schlummert, und dabei gleichzeitig einen enormen Einfluss ausübt. Dieser „Schatten", wie das Unbewusste auch genannt wird, wird uns weiterhin begleiten, doch wir können, so die Hoffnung, ihn immer mehr als *unseren* Schatten erkennen, annehmen und vielleicht sogar lieben lernen.

EGAL WOHIN DU GEHST,
DEIN SCHATTEN FOLGT
DIR ÜBERALL HIN

KEN WILBER

Meta-Brille

An dieser Stelle angekommen laden wir Sie ein, noch einmal Ihre „Meta-Brille“ zu betrachten und zu hinterfragen, mit welcher Lesehaltung Sie das Buch bis hierher gelesen haben.

Zur Erinnerung: Ganz zu Beginn des Buches standen folgende Brillen zur Auswahl: Die Kritiker-Brille, die Entdecker-Brille, die Wohltäter Brille, die Harmonie-Brille, die Genießer-Brille, eine selbst von Ihnen formulierte Brille.

Wie würden Sie jetzt rückblickend Ihre eigene Brille der Wahrnehmung beschreiben? Formulieren Sie bitte diese Beschreibung so konkret wie möglich.

Wie sehr waren Sie sich beim Lesen des Buches Ihrer eigenen Brille bewusst?

Angenommen, Sie sind in Ihrer Praxis des Meta-Brillen Tragens bereits sehr fortgeschritten.
Wie würden Sie dann Ihren Stil, d.h. die Art und Weise beschreiben, wie Sie diese Praxis in Ihrem Alltag einsetzen?

Teil 4: Innen Leben JETZT

Dem Buch vorangestellt haben wir dieses Zitat von Milarepa, einem tibetischen Meister der vor rund eintausend Jahren lebte:

Ob du gehst, sitzt oder schläfst,

immer blicke auf deinen Geist,

pausenlos und ohne Unterbrechung;

Das ist die Übung die jeder Mühe lohnt.

Aussagen wie diese finden wir in allen mystischen und kontemplativen Traditionen. Sie gründen in einer lebendigen Erfahrung und sind keine gedanklichen Ableitungen. Im ersten Teil dieses Buches sind wir auf den Spuren dieser Art von Wirklichkeitswahrnehmung gegangen, als eine Möglichkeit, zu dem OFFENSICHTLICHEN zu erwachen das jeder Wahrnehmung und allem Geschaffenen zugrunde liegt. Im zweiten Teil haben wir uns dann mit den Bereichen unserer Wahrnehmung und den darin vorkommenden relativen Wahrnehmungsphänomenen beschäftigt. Im dritten Teil schließlich haben wir, den Erkenntnissen der neueren Psychologie und den Geisteswissenschaften allgemein folgend, uns mit unseren Wahrnehmungsinhalten beschäftigt. Dabei sind wir von den offensichtlicheren Phänomenen und Bewusstseinsinhalten an der Oberfläche unserer Wahrnehmung weiter und tiefer gegangen zu den verborgenen Strukturen und Dynamiken, die als unsere Wahrnehmungshintergründe einen enormen gestaltenden Einfluss auf unser Erleben ausüben.

Nun kehren wir noch einmal zurück zu dem, was wir nicht wahrnehmen können, weil es keine Wahrnehmung neben anderen ist, sondern der Seinsgrund oder die Soheit dieses und eines jeden Augenblicks, von Anfang an, ohne Ende.

Inne-Halten

Wenn Sie sich JETZT erlauben Ihre Augen für ein paar Augenblicke zu schließen und tief in Ihren Körper hinzuspüren und Ihrem Atem dabei ein paar Atemzüge zu folgen und all dies im Gewahrsein Ihrer eigenen Brille - Ihrem Bewusstsein für diesen Augenblick - zu tun, wie fühlt sich das an?

Inne-Halten

Wenn Sie JETZT noch bewusster Ihre Atmung beobachten und beim Ein -und Ausatmen abwechselnd Ihr linkes und rechtes Nasenloch zuhalten, wie sehr können Sie die Balance des Ein- und Ausatmens ihrer Atmung bewusst wahrnehmen?
Wenn Sie sich dabei vorstellen, wie Sie das Einströmen des Atems in Ihren Körper mit noch mehr Lebendigkeit und Lebenslust erfüllt, und das Ausatmen mit noch mehr Hingabe für den Augenblick und mit Dankbarkeit, wie sehr können Sie dann wahrnehmen, wie Ihr Innenraum bei jedem Atemzug ein Stück größer wird und Ihre Präsenz zunehmend von Klarheit und Gelassenheit erfüllt ist?

Inne-Halten

Wie geht es Ihnen JETZT im vollen Gewahrsein Ihrer eigenen Person, Ihrer einzigartigen Wurzeln und Ihrer Vergangenheit, im vollen Gewahrsein Ihrer einzigartigen Gegenwart und im vollen Gewahrsein Ihrer einzigartigen Möglichkeiten in Ihrer Zukunft?

Wie geht es Ihnen JETZT damit, im vollen Gewahrsein in einem unsichtbaren inneren Beziehungsnetzwerk zu leben in einem dynamisch sich verändernden Innen Leben?

Wie geht es Ihnen JETZT im vollen Gewahrsein als Mensch zugleich ein Ganzes in der Welt zu sein UND ein Teil Ihrer, meiner und unserer Welt zu sein?

Beobachten Sie bitte JETZT alle auftauchenden Gedanken, Stimmungen und Gefühle für ein paar Momente in Ihrem Bewusstsein.

All das ist JETZT in Ihrem, in meinem und in unserem Bewusstsein da und im nächsten Augenblick bereits in Veränderung.

All das und selbst das nicht mehr.

Ihr, mein und unser Bewusstsein entwickelt sich von Augenblick zu Augenblick weiter.

Ich bin mir jetzt ganz dieses Augenblicks gewahr, mit allem was er mir präsentiert.

Ich bin mir der Veränderungen von Augenblick zu Augenblick gewahr.

Ich spüre meinen Körper und bin mir jetzt ganz meines Körpers gewahr.

Ich spüre meinen Verstand und bin mir jetzt ganz meines Verstandes gewahr.

Ich spüre meine Seele und bin mir jetzt ganz meiner Seele gewahr.

Und ich spüre die Stille und Geräumigkeit in der Körper, Verstand und Seele erscheinen.

Jetzt bin ich mir der Gnade und der Freiheit dieses und jedes Augenblicks gewahr …

Dieser

Augenblick

ist

alles

was

ich

habe

Dieser

Augenblick

ist

alles …

Dieser

Augenblick

ist …

Dieser Augenblick ...

Mein Augenblick …

Unser Augenblick …

Unser aller Augenblick …

JETZT

Jetzt

jetzt

Anhang zur Arbeit Ken Wilbers

Dieses Buch verdankt dem integralen Ansatz von Ken Wilber sehr viel. Wir haben bewusst auf eine Darstellung der von Ken Wilber entwickelten integralen Landkarte verzichtet, weil es uns in erster Linie um die erfahrungsorientierte Praxis geht. Dennoch spielt die Kenntnis einer (oder Ihrer) Landkarte von Wirklichkeit eine wesentliche Rolle, denn, wie weiter oben ausgeführt, kontextualisieren wir unsere Erfahrungen immer schon, bewusst oder unbewusst. Daher ist Landkartenwissen wichtig, weil es auch ein Wissen über uns selbst ist. Wir alle tragen unsere Meinungen über uns selbst, andere und die Welt mit uns herum, einschließlich der (in sich widersprüchlichen) Meinung „ich habe keine Konzepte und bin unabhängig".

Daher sollen in diesem Anhang ein paar Hinweise auf die Verbindung der Buchinhalte zur integralen Theorie und Praxis Ken Wilbers gegeben werden.

Eines der Anliegen von Ken Wilber (und dieses Buches) ist es, die Einseitigkeiten einer naturwissenschaftlich und auf das Äußere der Welt gerichteten Weltsicht zu überwinden, und die Innenwelt als eine gleichwertige Wirklichkeits- und Erlebnisdimension zu rehabilitieren (und mit ihr die Geisteswissenschaften). Was wir neben unserem Körper immer mit uns herumtragen ist unserer Geist (oder unser Bewusstsein), und der Umgang mit unserem Geist sollte uns so selbstverständlich sein wie der mit unserem Körper.

Die Unmittelbarkeit des Augenblicks entspricht der Kategorie „Zustände" im integralen Ansatz. Von Augenblick zu Augenblick ist die Welt eine andere, und wir mit ihr. Dieses „Alles fließt" so unmittelbar und intensiv wie möglich mitzubekommen ist Leben in seiner unmittelbarsten Form und Ausdruck im „Hier und Jetzt".

Ken Wilber unterscheidet drei Hauptaspekte von Bewusstsein, die er als die „Drei S" bezeichnet, und das sind die Inhalte/Phänomene [*states*], die Strukturen [*structures*] und die Dynamiken [*shadow*] des Bewusstseins. Diese Dreiteilung wurde auch diesem Buch zugrunde gelegt. Die geisteswissenschaftlichen Entsprechungen dabei sind:

- Phänomenologie (als Untersuchung der Inhalte und Phänomene des Bewusstseins)
- Strukturalismus bzw. Entwicklungsstrukturalismus (der die Strukturen des Bewusstseins untersucht, und wie sie sich im Laufe von Entwicklung bilden, individuell und kollektiv) und
- Psychologie oder Psychodynamik (mit der Untersuchung der Bewusstseinsdynamiken, auch in Verbindung mit den Inhalten und Strukturen des Bewusstseins)

Eines der Anliegen dieses Buches ist es, auf die Unterschiedlichkeit dieser drei Wahrnehmungsperspektiven hinzuweisen, und deren Einnahme einzuüben.

Ein weiterer wichtiger Baustein in Ken Wilbers „Integralem Ansatz" ist das Modell der vier Quadranten, welches im Abschnitt ‚*Bewusstsein beeinflussen*' bei der Einteilung der Beeinflussungsmöglichkeiten unserer Wahrnehmung in vier Bereiche kurz Erwähnung fand. Dieses Buch konzentriert sich vor allem auf den oberen linken Quadranten, als das Bewusstsein, wie es sich einem Menschen unmittelbar phänomenologisch in seinem inneren Wahrnehmungsraum zeigt, und die darin enthaltenen Hintergründe (wie Strukturen und Psychodynamiken). Was nicht das Thema dieses

Buches ist, jedoch einen ebenso großen Einfluss auf unsere subjektive Wahrnehmung hat, sind unsere physiologischen (oberer rechter Quadrant), kulturellen (unterer linker Quadrant) und sozialen (unterer rechter Quadrant) Bedingtheiten und Gegebenheiten. Das Wissen darüber findet jedoch auch in unserem Bewusstsein (oberer linker Quadrant) statt, und hilft uns ebenso, die Wahrnehmungen eines und jedes Augenblicks zu verstehen.

Meta-Brille

Welcher Weg ist der Ihre auf der Entdeckungsreise des Innen Lebens?

1. Meide die Vielen (das Relative, Zeitliche, Bedingte, sich Verändernde) und suche das EINE (die Leerheit, Transzendenz, das Absolute), um dort zu verbleiben, jenseits der Illusionen der Manifestation. Beispielsweise durch einen vollständigen Rückzug vom Leben…

2. Meide die Vielen (das Relative, Zeitliche, Bedingte, sich Verändernde) und suche das EINE (die Leerheit, Transzendenz, das Absolute) um dann wieder „mit leeren Händen" auf den „Marktplatz" des Lebens zurückzukehren, mitten hinein in die Fülle und Vielfalt des Lebens. Beispielsweise durch ein Leben, in dem sich meditative Rückzugszeiten mit Zeiten des Tätigseins abwechseln.

3. So intensiv wie möglich die Vielen (die Fülle des Lebens) zu leben, ohne sich darum zu kümmern, ob es noch etwas anderes gibt. Beispielsweise durch ein Leben im Streben nach Genuss, Abwechslung und Erfahrungen jeder Art.

4. So intensiv wie möglich die Vielen (die Fülle des Lebens) zu leben und zu verstehen, um in *allen* Formen, innerlich und äußerlich, eine Möglichkeit und Gelegenheit zu sehen, zum EINEN zu erwachen. Beispielsweise durch ein Leben, in dem in jeder alltäglichen Handlung und Begegnung mit den Vielen das Durchscheinen des EINEN erspürt wird.

Wofür verspüren Sie mehr Sehnsucht und Begeisterung (oder wovor haben Sie mehr Angst)?

A) Für das EINE (für die vollendete Einfachheit und Ewigkeit der Leerheit)
B) Für die VIELEN (für die farbenprächtige Fülle und Vergänglichkeit des Lebens)
C) Für BEIDES (die Endlichkeit lebend, in der Unendlichkeit ruhend)
D) Für KEINES von Beiden …
E) Für ALL DAS nicht und selbst das nicht … sondern?

NOTIZEN

Mathias Tietke

YOGA KONTROVERS

Zehn populäre Irrtümer in Bezug auf Yoga

Stimmen die Vorstellungen vom Yoga, wie er gemeinhin praktiziert wird, noch mit dem Wesen und den ursprünglichen Intentionen überein? Lässt der Kopfstand tatsächlich graue Haare und Krampfadern verschwinden? Und in welchem Zusammenhang stehen 'Meditationsseife' und vedische Feuerrituale mit Freiheit und Selbstverwirklichung?

Der Fachjournalist, Sachbuchautor und Yogalehrer Mathias Tietke beantwortet in dem neuen Buch ‚Yoga kontrovers‘ unter anderem Fragen wie diese und geht dabei (nicht nur) den zehn populären Irrtümern in Bezug auf Yoga auf den Grund.

‚Yoga kontrovers' ist die erste und bislang einzige umfassende kritische Analyse und Auseinandersetzung mit dem, was man Yoga nennt oder was im Westen für 'Yoga' gehalten wird

Mathias Tietke: Yoga kontrovers; 164 Seiten; ISBN 978-84941609-0-5